ADMINISTRACION ESTRATEGICA DE LOS RECURSOS HUMANOS

SERGIO CASTRO REYNOSO

INSTITUTO CATENARI
www.catenari.org

OCTUBRE DEL 2014

INDICE

INTRODUCCION

La Evolución del Papel de Recursos Humanos

La función del departamento de recursos humanos ha evolucionado en las últimas décadas, pasando de ser el encargado de simplemente reclutar personal y encargarse de nóminas, a ser una función estratégica de la empresa, dedicada a asegurarse de atraer y retener el talento humano necesario para cumplir los objetivos estratégicos establecidos. Esto se debe a que el talento humano se ha convertido en el activo más importante y más caro de las empresas, en comparación con el pasado cuando lo más importante y caro era la maquinaria y equipo.
 es
Sin embargo, no todas las empresas se encuentran en el mismo nivel de desarrollo en relación a la sofisticación de sus áreas de recursos humanos. Hay empresas que, a pesar de ser grandes, siguen viendo al departamento de recursos humanos como el encargado de reclutamiento y nóminas solamente. Otras empresas tienen vicepresidentes de recursos humanos, reportando directamente al director general, y participan activamente en la creación e implementación de la estrategia de la empresa.

Para que el departamento de recursos humanos pueda participar activamente en la estrategia de la empresa, debe tener las herramientas correctas, y debe haber un entendimiento claro de cómo la función de recursos humanos encaja dentro de la estrategia de la empresa.

OBJETIVOS

El objetivo principal de este libro es proveer a los gerentes y directores de recursos humanos con una herramienta que puedan utilizar para participar en la formación e implementación de la estrategia de la empresa.

Podemos decir que en la mayoría de las empresas la estrategia es definida por la alta dirección, y luego cada departamento se encarga de cumplir sus objetivos específicos. El objetivo del contenido de este libro es que el gerente y director de recursos humanos pueda hablar el lenguaje estratégico, y tenga la capacidad de al principio influenciar, y luego participar directamente en la formulación de la estrategia de la empresa.

El en capítulo 1, "El Proceso Estratégico de la Empresa", hablaremos sobre el concepto de estrategia en general, y veremos cómo las empresas pueden utilizar la metodología de Balanced Scorecard para establecer su estrategia.

En el capítulo 2, "La Dimensión Estratégica de los Recursos Humanos", veremos cómo el área de recursos humanos interactúa con la estrategia de la empresa utilizando la administración por objetivos, y varios conceptos adaptados de las teorías de Deming. También revisaremos aspectos estratégicos del diseño organizacional.

Finalmente, en el capítulo 3, "El Ciclo de Recursos Humanos", veremos cada una de las fases: Reclutamiento y Selección, Integración, Remuneración, Desempeño, y Desarrollo, y entraremos en detalle sobre cuáles son las relaciones que tiene cada fase con la estrategia global de la empresa.

CAPITULO 1

EL PROCESO ESTRATEGICO DE LA EMPRESA

Las Estrategias Competitivas

Michael E. Porter, en su libro "Competitive Strategy"[1], nos indica que desarrollar una estrategia consiste en formular cómo va a competir la empresa, cuáles serán sus objetivos, y que políticas se tendrán que implementar para lograr tales objetivos. Los objetivos pueden ser niveles de retorno sobre inversión, crecimiento, participación de mercado, etc. Para lograr estos objetivos generales, se deben establecer objetivos específicos para las diferentes áreas de la empresa: manufactura, mercadotecnia, ventas, distribución, finanzas, y recursos humanos.

La estrategia se debe formular dentro de un contexto interno y externo. Los factores internos de la empresa, nos indica Porter, son las fortalezas y debilidades de la empresa, así como los valores personales de los implementadores clave (dueños, accionistas, directores, empleados). Los factores externos se dividen en las oportunidades y amenazas de la industria (tanto económicos como técnicos), así como las expectativas y restricciones impuestas por la sociedad.

Al establecer objetivos, debemos preguntarnos lo siguiente:

1. ¿Son los objetivos mutuamente compatibles, o excluyentes?

2. ¿Los objetivos aprovechan oportunidades claras en nuestra industria?

3. ¿Los objetivos toman en cuenta las amenazas en nuestra industria?

4. ¿Es el momento correcto para tomar acciones sobre estos objetivos?

5. ¿Son los objetivos compatibles con las expectativas y restricciones de la sociedad?

6. ¿Tenemos los recursos necesarios para lograr los objetivos?

7. ¿Tiene la empresa la capacidad de adaptarse para lograr los objetivos?

8. ¿La gente que se encargará de implementar los objetivos realmente los entiende?

9. ¿Hay congruencia entre los objetivos y los valores personales de los implementadores clave?

10. ¿Hay suficiente capacidad administrativa para lograr una implementación efectiva de los objetivos?

Al ver estas preguntas, podemos comenzar a elucidar los puntos de contacto entre la estrategia y los recursos humanos:

---

[1] Porter, Michael E., "Competitive Strategy", New York, Free Press, 1990

- Punto 1: una posible amenaza es la falta de oferta de talento clave para lograr los objetivos estratégicos. Por ejemplo, si la empresa planea lanzar una nueva línea de productos que requiere cierto tipo de ingenieros, y hay poca oferta de los mismos en la ciudad donde está establecida la empresa, entonces ciertamente es una amenaza con la cual hay que lidiar.

- Punto 2: la relación es clara. El recurso fundamental para lograr cualquier objetivo es el talento humano.

- Punto 3: es una pregunta que también compete a recursos humanos: el diseño organizacional y la capacidad de adaptación del mismo. Tal vez los objetivos establecidos no requieran más personal, pero casi seguro requerirán nuevas habilidades y formas de trabajar.

- Punto 4: una de las funciones fundamentales de recursos humanos es la comunicación interna.

- Punto 5: recursos humanos debe ayudar a dirigir la cultura corporativa de la empresa, la cual moldeará los valores de los implementadores clave.

- Punto 6: recursos humanos es responsable de la capacitación en la empresa, por lo tanto la efectividad de esta función determinará la capacidad de la empresa.

Porter identifica 5 fuerzas que moldean la competencia en una industria:

1. La rivalidad entre compañías existentes en la industria. Esta rivalidad determina acciones como qué productos y servicios ofrecer, y a qué precios.

2. La amenaza de nuevos participantes en la industria. Estos participantes pueden ser empresas totalmente nuevas, o empresas existentes que lanzan productos que compiten con los nuestros.

3. La amenaza de productos o servicios sustitutos. Estos son productos que no son idénticos al nuestro, pero que proveen una funcionalidad similar. Esta competencia no siempre es inmediatamente obvia. Por ejemplo, los celulares han afectado la venta de relojes de pulsera, ya que el celular incluye un reloj.

4. La capacidad de negociación de los proveedores. Esto significa que en nuestra industria puede haber proveedores clave que tengan la capacidad de exigir mayores precios por sus insumos, afectando nuestra rentabilidad.

5. La capacidad de negociación de compradores. Es posible que tengamos clientes grandes que tengan la capacidad de pedirnos precios menores o mejores condiciones de productos o servicios, afectando nuestra rentabilidad.

En esta lista vemos algo interesante: no se incluye la disponibilidad de talento como un factor que moldee la competencia en una industria. El libro fue escrito en 1980, y esto podría ser la causa. Dentro de esta lista, el factor de talento humano puede ser introducido dentro del punto 4, la capacidad de negociación de los proveedores, ya que cada trabajador es técnicamente un proveedor, con la capacidad de ofertar su muy limitado recurso de tiempo a otra empresa en lugar de la nuestra. Por otro lado, el talento humano también es como un cliente, ya que debemos atraerlo con marketing, y mantenerlo satisfecho para evitar la rotación.

El factor del talento humano se ha hecho tan importante, que vale la pena incluirlo como un sexto punto que moldea la competencia en una industria.

Porter establece que solo hay tres grandes estrategias que una empresa puede formular:

1. Liderazgo de precio: el objetivo de esta estrategia es competir teniendo los precios más bajos. No se trata de tener los precios al mínimo, sino los precios más competitivos por tipo de producto o servicio. Para lograr implementar esta estrategia, se tienen que lograr economías de escala, buscar la reducción constante de costos, evitar tener clientes poco redituables, y minimizar costos en áreas como investigación y desarrollo, soporte, fuerza de ventas, y publicidad. El enfoque es en mantener los costos lo más bajo posible, pero sin afectar la calidad del producto o servicio. Las ventajas de esta estrategia son varias. Se puede competir en una industria, a pesar de que haya competidores fuertes. El precio bajo también es una barrera en contra de la entrada de competidores, y protege a la empresa de compradores poderosos, ya que éstos no pueden pedir demasiada reducción de precios. De igual forma, el precio bajo provee una barrera a ser sustituido por productos con funciones similares.

2. Liderazgo de producto: el liderazgo de producto está basado en la diferenciación del producto o servicio, creando algo que es percibido como único en la industria. La diferenciación puede ser en la marca, tecnología, funciones, atención al cliente, red de distribuidores, u otros aspectos. Esta estrategia permite cobrar precios más altos a cambio de esos factores de diferenciación. No se ignoran los costos, pero dejan de ser el factor primordial de control. Esta estrategia provee protección en una industria competitiva por medio de la lealtad del cliente. En esta estrategia la empresa tiene que ser más creativa y buscar contantemente cómo innovar.

3. Enfoque: esta estrategia está basada en atender un mercado muy particular, ya sea de tipo de comprador, segmento de una línea de productos, o mercado geográfico. En este caso, el objetivo de la empresa es atacar un segmento de mercado que no esté bien cubierto por la competencia. Entonces, la empresa tal vez no pueda lograr un liderazgo de precio o u liderazgo de producto en toda la industria, pero lo puede lograr en un segmento particular.

Cada una de estas estrategias requiere ciertas habilidades, recursos, y requerimientos organizacionales[2]:

1. Liderazgo de precio:

   a. Inversión continua en bienes de capital, y acceso a capital

---

[2] Porter, Michael E, "Competitive Strategy", p.40

b. Competencias en ingeniería de procesos

c. Supervisión intensiva de la mano de obra

d. Diseño de productos enfocado a manufactura sencilla

e. Sistema de distribución de bajo costo

f. Reportes de control frecuentes

g. Diseño organizacional e incentivos enfocados en lograr métricas cuantitativas muy estrictas

2. Liderazgo de producto:

a. Competencias en marketing y ventas

b. Competencias en ingeniería creativa

c. Competencias en investigación y desarrollo

d. Cooperación estrecha con canal de distribución

e. Coordinación estrecha entre investigación y desarrollo, gerencia de producto, y marketing

f. Métricas e incentivos más cualitativos que cuantitativos

g. Personal altamente creativo

3. Enfoque:

a. Se requiere una combinación de ambos

Aquí vemos cómo Porter comienza ya a mencionar el tema de los recursos humanos necesarios, y cómo son diferentes para cada tipo de estrategia. En una empresa enfocada en liderazgo de precio, se requiere personal con muchas habilidades en ingeniería de procesos, ya que el control estricto de los mismos, a través de lean management, permite mantener costos al mínimo. También se requiere un departamento de finanzas enfocado a este tipo de procesos. Por otro lado, en una empresa enfocada en el liderazgo de producto, se requiere muchas competencias en marketing, ventas, administración de canal, y un programa muy creativo de investigación y desarrollo. Un aspecto muy importante que se debe tener en mente es tener cuidado a la hora de contratar gente que venga de un tipo de empresa diferente a la nuestra. Si contratamos a alguien que viene de una cultura de procesos estrictos y ahorro y lo metemos a una empresa donde eso no importa tanto pero se requiere mucha creatividad, o viceversa, el empleado puede sufrir un shock de cultura corporativa. Por eso este tipo de contrataciones deben ser manejadas con más cuidado, y ayudar al empleado a aclimatarse a la nueva cultura corporativa.

El Balanced Scorecard

El Balanced Scorecard es una herramienta utilizada para implementar la estrategia de la empresa, la cual nos permite establecer objetivos y métricas en forma jerárquica, y darles seguimiento. Es uno de los métodos más utilizados para la administración estratégica, por lo que daremos un resumen de su uso, y luego analizaremos cómo ligar el aspecto de los recursos humanos a este método[3].

El Balanced Scorecard tiene las siguientes características:

1. Combina métricas financieras con métricas no financieras.

2. Se utiliza una cantidad limitada de métricas, entre 15 y 25 aproximadamente.

3. Las métricas se organizan en cuatro grandes grupos, llamados "perspectivas":

    a. Perspectiva financiera

    b. Perspectiva del cliente

    c. Perspectiva de procesos de negocio internos

    d. Perspectiva de innovación y crecimiento

4. Las métricas están relacionadas con objetivos estratégicos específicos.

5. Las métricas se establecen colectivamente, para que todos los departamentos de la empresa estén comprometidos con lograrlos.

El Balanced Scorecard se construye en forma jerárquica. Tenemos hasta arriba, dentro de la perspectiva financiera, el objetivo financiero principal, generalmente descrito en términos de retorno sobre inversión. Para lograr este objetivo general, hay objetivos financieros intermedios, tal como incrementar ventas, incrementar participación de mercado, y reducir costos. Debajo de esto, tenemos la perspectiva del cliente, describiendo qué le ofreceremos al cliente de valor a cambio de su dinero. Para lograr los objetivos enfocados al cliente, debajo tenemos la perspectiva de procesos de negocio internos, indicándonos qué tenemos que hacer para generar valor para el cliente. Y finalmente hasta abajo tenemos la perspectiva de innovación y crecimiento, la cual nos indica lo que tenemos que hacer para lograr implementar tales procesos de negocios.

Veamos la siguiente gráfica[4]:

---

[3] Lawrie, Gavin J G; Cobbold, I (2004). "3rd Generation Balanced Scorecard: Evolution of an effective strategic control tool". International Journal of Productivity and Performance Management **53** (7): 611–623. 1 May 2014. Retrieved 28 May 2014.

[4] Kaplan, Robert S; Norton, David P, "The Strategy-Focused Organization", Boston MA, Harvard Business School Press, 2001

Diagrama 1: Balanced Scorecard

BALANCED SCORECARD

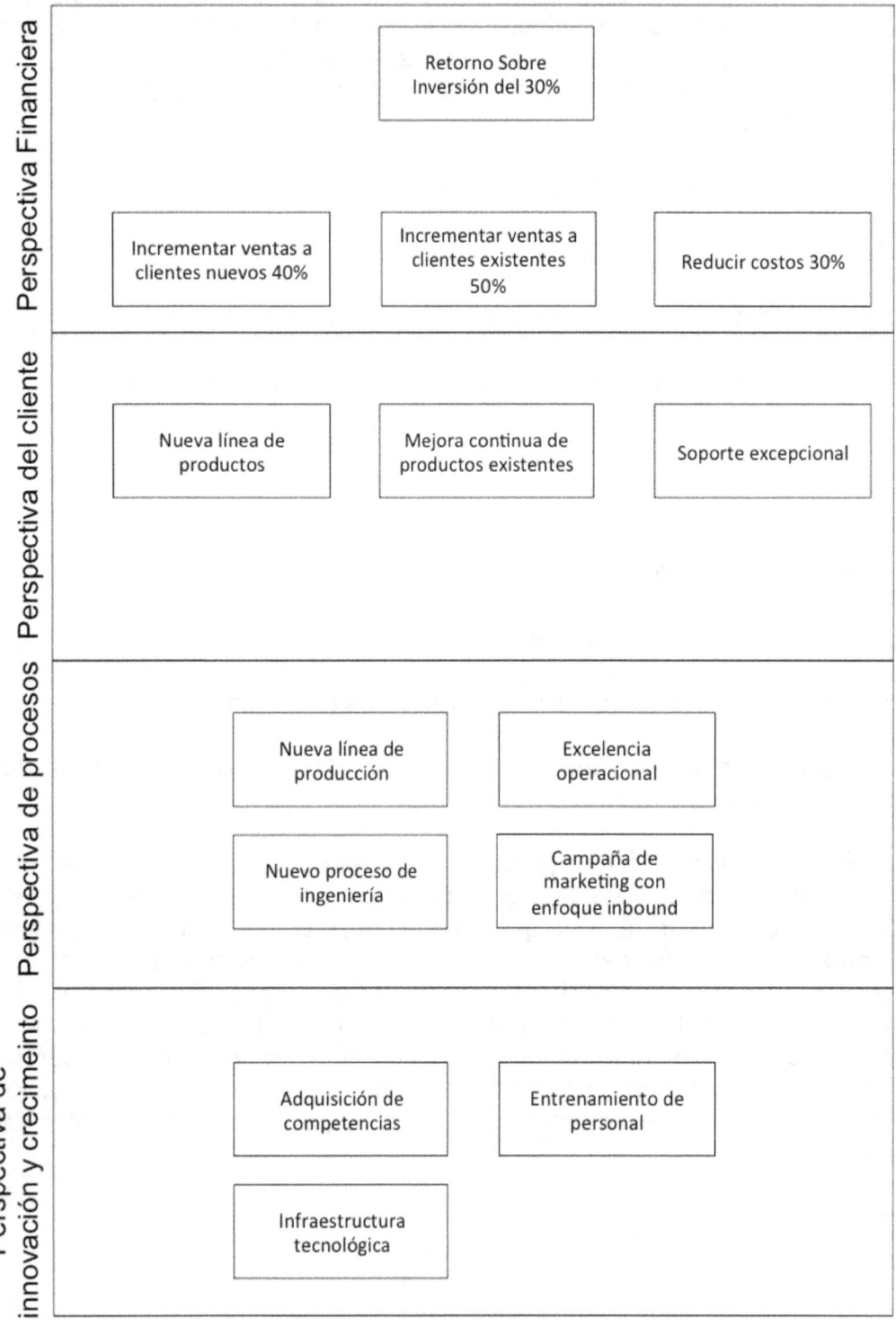

A la hora de establecer los objetivos de cada perspectiva, Kaplan y Norton indican que nos debemos hacer las siguientes preguntas:

1. Perspectiva financiera: si tenemos éxito, ¿cómo nos verán nuestros accionistas?

2. Perspectiva del cliente: para lograr nuestra visión, ¿cómo debemos ser percibidos por nuestros clientes?

3. Perspectiva de procesos: Para satisfacer a nuestros clientes, ¿qué procesos debemos realizar con excelencia?

4. Perspectiva de innovación y crecimiento: para lograr nuestra visión, ¿cómo debe aprender y mejorar la organización?

El proceso de creación de un Balanced Scorecard cuenta con los siguientes 5 pasos[5]:

1. Definir la visión estratégica

Para definir la visión estratégica global, y la de cada departamento, se debe formular la siguiente pregunta: ¿cómo nos veremos en 3 a 5 años? La respuesta debe de contener la esencia del negocio, no contener palabrería innecesaria, y todos los implementadores. Otras preguntas que se deben hacer son:

- ¿Qué hemos hecho en el pasado?

- ¿Qué se espera de nosotros por parte de los accionistas, clientes, y demás empleados?

- ¿Hacia dónde va la industria?

- ¿Hacia dónde nos dirigimos nosotros?

- ¿Cuáles son las mejores prácticas de la industria?

2. Identificar los temas estratégicos

Los temas estratégicos son grandes enfoques de la empresa, basados principalmente en la estrategia fundamental: precio, producto, o enfoque. Se deben mencionar de 3 a 5 temas estratégicos, no más.

3. Determinar los objetivos estratégicos

---

[5] "Balanced Scorecard Iniciative: Guidelines for Building a BSC", American University of Beirut, https://www.aub.edu.lb/osm/scorecards/Documents/guidelines_for_building_a_bsc.pdf

El primer paso para determinar los objetivos estratégicos consiste en listar las fortalezas, oportunidades, debilidades y amenazas para cada una de las iniciativas: financiera, de cliente, de procesos internos, y de innovación y crecimiento. En base a esto podemos definir los objetivos. Los objetivos son declaraciones de acción específicas, los cuales indican cómo implementaremos los temas estratégicos deseados. Los objetivos de un tema estratégico deben estar ligados en una relación causa y efecto. Los objetivos deben de que tener un enfoque en teoría de sistemas, que se puedan implementar, que causen inspiración, y que se puedan lograr.

Todo objetivo representa una acción, por lo que es importante que los objetivos comiencen con un verbo, tal como "mejorar", "reducir", "incrementar", "implementar", etc.

En base a los objetivos estratégicos, se establecen métricas y metas a cumplir para cada área, y sus tiempos específicos.

4. Determinar las métricas y metas

Las métricas son utilizadas poder evaluar el proceso de implementación de la estrategia. Las métricas se utilizan para medir el progreso de la organización en comparación con las metas fijadas, y probar la validez de la estrategia. De igual forma, es una herramienta para motivar los comportamientos deseados, ya que le indica a los empleados en qué dirección deben de ir para cumplir con la estrategia. Los empleados responden a lo que es inspeccionado, no a lo que es esperado de ellos. Es muy importante seleccionar las métricas correctas, de acuerdo con estos criterios. La métrica:

- Debe estar ligada a una iniciativa estratégica

- Debe ser repetible

- Debe ser confiable

- Debe poder ser actualizada periódicamente

- Debe ser útil en establecer responsabilidades

- Debe tener datos disponibles

Hay dos tipos de métricas: métricas resultantes, y métricas causantes. Las métricas resultantes son aquellas que miden el resultado final, por ejemplo, las ventas. Su objetivo es poner enfoque en el desempeño dentro de un periodo de tiempo.

Las métricas causantes miden factores que determinarán un resultado final, por ejemplo, número de respuestas de una campaña de marketing. Su objetivo es medir procesos intermedios, actividades, y comportamientos. Lo ideal es tomar acción cuando las métricas causantes no se están cumpliendo, para evitar una futura desviación de las métricas resultantes.

Las metas representan los valores deseados de cada métrica. La meta determina la expectativa de desempeño, y enfoca a la organización hacia la mejora continua. Las metas deben motivar a la organización, no tratar de controlar o restringirla. Las metas se deben establecer por diferentes periodos de tiempo: corto, mediano, y largo plazo. Y en base a las metas, se deben analizar los recursos disponibles y los procesos establecidos para asegurarse que éstos sean los adecuados.

5. Seleccionar las iniciativas

Las iniciativas son las actividades y proyectos que se implementarán para cubrir la brecha entre las métricas actuales y los objetivos. Al mapear las iniciativas a cada objetivo, podemos asignarle los recursos necesarios para su cumplimiento. Toda iniciativa debe tener lo siguiente:

- Un responsable

- Un proceso de negocios

- Entregables bien definidos

- Duración definida, con revisiones periódicas

- Un presupuesto

- Asignación de recursos humanos y materiales

Toda iniciativa implica la creación de procesos nuevos o la modificación de procesos existentes, y la utilización de recursos financieros, humanos, y materiales.

En el siguiente diagrama mostramos la relación de todos estos factores:

Diagrama 2: Metas, métricas, e iniciativas

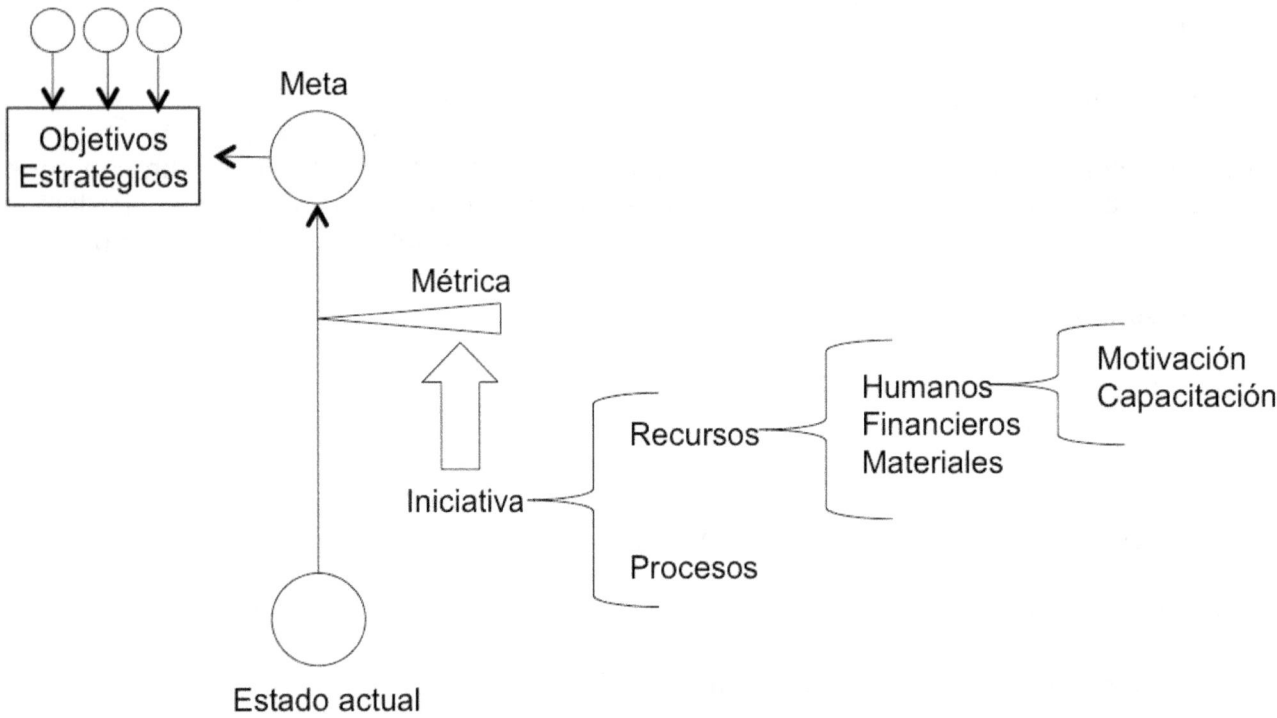

En el diagrama podemos ver que el objetivo es avanzar del estado actual, a la meta establecida. El conjunto total de metas ayuda a lograr los objetivos estratégicos. La métrica mide el grado de avance entre el estado actual y la meta. El objetivo de la iniciativa es mover la métrica hasta llegar a la meta. La iniciativa requiere recursos y procesos de negocio. Los recursos humanos requieren motivación y capacitación. Y es este el punto de contacto entre la estrategia de la empresa y el área de recursos humanos. Sin embargo, el gerente y director de recursos humanos no debe limitarse a simplemente a implementar procesos que lleguen de la dirección, sino que deben tomar la iniciativa de presentar no solo opciones estratégicas, sino enumerar posibles riesgos.

CAPITULO 2

LA DIMENSION ESTRATEGICA DE LOS RECURSOS HUMANOS

El Cubo Estratégico de Recursos Humanos está formado por 3 factores: puesto, competencias, y tiempo.

Diagrama 3: El Cubo Estratégico de Recursos Humanos

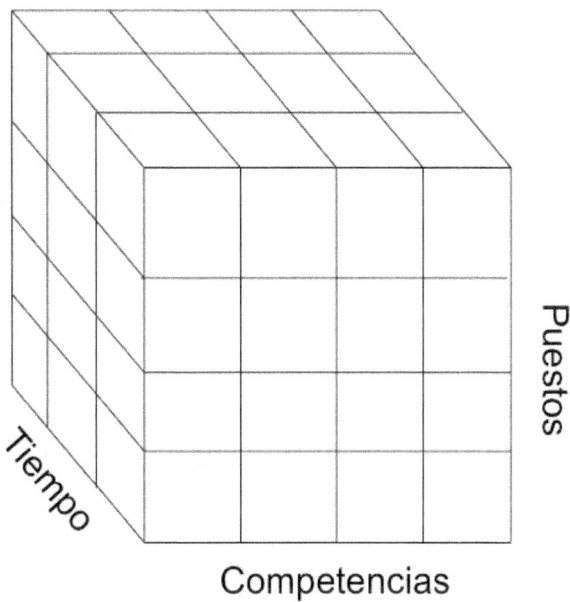

El factor "puestos" hace referencia a los diferentes puestos que la empresa requiere para cumplir sus objetivos: gerentes, ingenieros, vendedores, operadores, etc. El factor "competencias" indica el conjunto de conocimiento y habilidades requeridas para cada uno de estos puestos. La combinación de competencias requeridas por cada puesto nos genera una matriz, en donde para cada puesto, definimos cuáles son las competencias necesarias. Pero al agregar el elemento estratégico, debemos sumar el factor "tiempo", ya que para cumplir las metas establecidas por los objetivos estratégicos, la matriz competencia-puesto debe variar con el tiempo. Esto puede implicar el incremento de trabajadores en uno o más de los puestos, y/o la modificación de competencias requeridas en uno o más de los puestos.

Entonces, la definición de los objetivos estratégicos moldeará nuestras tareas en el área de recursos humanos. Pero al mismo tiempo, las oportunidades y amenazas presentes dentro del cubo pueden habilitar o restringir los objetivos estratégicos, usualmente más lo segundo que lo primero.

Con respecto a la restricción, si un objetivo estratégico establece metas que demandan talento en baja disponibilidad en el mercado laboral, esto presentará una restricción al cumplimiento de las metas, y por lo tanto de los objetivos estratégicos. Es deber del director de recursos humanos tener esto presente y comunicarlo claramente desde el momento de la elaboración de la estrategia. De nada servirá proponer objetivos estratégicos si la disponibilidad de talento es nula, o si el talento es tan caro de adquirir que representa un impacto significativo en el retorno de inversión de la empresa.

Por otro lado, el director de recursos humanos también puede activamente proponer objetivos estratégicos si observa una oportunidad en el mercado laboral. Por ejemplo, si uno de los objetivos es establecer una nueva planta, puede proponer su ubicación en base a la disponibilidad de talento en diferentes plazas. O aún más estratégico, si detecta la disponibilidad de cierto tipo de talento en ingeniería en el mercado laboral, puede proponer nuevas líneas de productos.

Otra oportunidad y restricción es el entrenamiento en competencias nuevas. Si el plan estratégico pide ciertas competencias nuevas, es posible que la empresa no tenga la capacidad inmediata de proporcionar ese tipo de entrenamiento. Este se podrá adquirir externamente, pero puede representar un freno, por lo que las métricas tal vez requieran ser ajustadas. Por otro lado, el director de recursos humanos puede identificar oportunidades de incrementar las competencias del personal actual, las cuales se pueden traducir en nuevos productos o servicios.

Lo importante es que los gerentes y directores de recursos humanos tengan una actitud proactiva y propositiva, constantemente analizando restricciones causadas por los recursos humanos, o proponiendo nuevas estrategias en base a las oportunidades detectadas en los mismos.

La Administración por Objetivos

El otro punto de contacto fundamental entre recursos humanos y el plan estratégico se encuentra en los métodos de motivación y remuneración utilizados para lograr que los empleados logren las metas establecidas.

El método más utilizado para administrar este proceso es la Administración por Objetivos, el cual fue propuesto por Peter Drucker en su libro "The Practice of Management". Regresando al diagrama 2, tenemos un estado actual, y una meta que lograr. Para lograr la meta, se nos dan ciertos recursos y procesos que seguir. Luego, si avanzamos la métrica hasta el nivel establecido en cierta unidad de tiempo, recibimos un premio. Si no lo logramos, no recibimos el premio, y en ciertos casos, podemos hasta recibir el castigo de ser despedidos.

Y es exactamente en esta parte de recompensas y castigos que entramos en problemas. Curiosamente, Drucker nunca recomendó en su libro que se fijaran premios y castigos en base al cumplimiento de metas; todo lo contrario. En su libro expone:

"[La administración por objetivos] motiva al gerente a la acción no porque alguien le dice que haga algo o lo convence que lo haga, sino porque el objetivo mismo demanda su trabajo. Actúa no porque alguien se lo exige, sino porque él mismo decide que necesita hacerlo; en otras palabras, actúa como un hombre libre"[6].

La técnica de utilizar premios y castigos obviamente se ha aplicado desde el comienzo de la humanidad; no hay ser vivo que no responda a este condicionamiento pavloviano. Sin embargo, William E. Deming, en sus estudios sobre métodos de fabricación de calidad total, llegó a la conclusión que el establecer metas, y recompensar o castigar en base a su cumplimiento, es contraproducente. Deming observó en fábricas que cuando se establece una cuota diaria de manufactura, dos cosas ocurren: cierto porcentaje de los trabajadores cumplen y rebasan la cuota, y cierto porcentaje no logra cubrir la cuota. Los trabajadores que cubren la cuota antes de tiempo, en lugar de seguir produciendo, se relajan y se ponen a descansar (o por lo menos a producir menos), causando una reducción en su productividad potencial. Por otro lado, el porcentaje de trabajadores que no cumplen su cuota a tiempo, trabajan apresuradamente y bajo estrés, causando una reducción en la calidad del trabajo, falsificación de métricas, y baja satisfacción laboral, la cual desemboca en rotación, todo esto a un alto costo para la empresa.

---

[6] Drucker, Peter F., *"The Practice of Management"*, United States, HarperCollins,1954, p.136

Deming inventó un juego-experimento que utilizaba en sus conferencias llamado "El Experimento de las Cuentas Rojas". Pedía a un grupo de voluntarios que actuaran como los trabajadores de la fábrica. Les daba un contenedor lleno de cuentas de collar blancas y rojas, y los entrenaba a cómo extraer cuentas del contenedor con una palita. No estaba permitido tocar las cuentas con las manos, solo con la palita. El objetivo era extraer 50 cuentas a la vez, y mantener el número de cuentas rojas debajo de 5 en cada lote. Después de cada extracción con la palita, un supervisor escribía en un tabulador cuántas cuentas rojas extrajo cada trabajador. Deming entonces procedía a felicitar aquellos que habían logrado la meta de calidad de mantener la cantidad de cuentas rojas debajo de 5 en cada lote, y regañaba a los que no habían logrado la meta. Después de varios ciclos, "despedía" a los que no lograban la meta, y "premiaba" a los que sí. El objetivo de este juego era demostrar que realmente los empleados no tenían ningún control sobre el número de cuentas rojas que extraían con la palita, ya que no había ningún proceso establecido para filtrar las rojas. Los que cumplían o no las métricas, lo hacían por pura suerte.

Esto nos lleva al punto central de Deming: el premiar o castigar a los trabajadores por su cumplimiento de metras no ayuda a la empresa a cumplir sus objetivos estratégicos, simplemente porque el trabajador por sí mismo generalmente no tiene control directo de los resultados. Deming expuso este tema en su libro "Out of the Crisis"[7], al formular 14 principios recomendados para lograr la transformación de la efectividad de una empresa:

1. Ser constante en la labor del mejoramiento del producto o servicio, con el objetivo de ser competitivo, sobrevivir como empresa, y proveer trabajos.

2. Adoptar la nueva filosofía. Estamos en una nueva era económica. Los gerentes deben aceptar el reto, deben aprender cuáles son sus responsabilidades, y tomar el liderazgo para lograr el cambio.

3. Dejar de usar la inspección para lograr la calidad. Eliminar la necesidad de inspección masiva del producto; en su lugar, integrar la calidad al diseño mismo del producto desde el principio.

4. Eliminar la práctica de comprar insumos solamente en base al precio. En lugar de eso, hay que reducir los costos totales. Hay que seleccionar un solo proveedor para cada insumo, y establecer relaciones de largo plazo basados en lealtad y confianza.

5. Mejorar continuamente y par siempre los procesos de producción y servicio, para mejorar la calidad y productividad, y por lo tanto reducir los costos constantemente.

6. Instituir el entrenamiento continuo en el trabajo.

7. Instituir el liderazgo. El objetivo de la supervisión debe ser el ayudar a la gente y maquinaria el hacer un mejor trabajo. La supervisión de la administración necesita una gran mejora, así como la supervisión de los trabajadores productivos.

8. Eliminar el miedo, de tal forma que todos puedan trabajar efectivamente para la compañía.

---

[7] Deming, W. Edwards, "Out of the Crisis", Cambridge MA, MIT Press, 1986

9. Eliminar las barreras entre los departamentos. La gente en investigación, diseño, ventas, y producción deben trabajar como un equipo, para poder prever problemas de producción y uso que puedan emerger en el producto o servicio.

10. Eliminar los slogans, exhortaciones, y metas para los trabajadores, pidiendo cero defectos y nuevos niveles de productividad. Estas exhortaciones solo crean relaciones llenas de adversidad, ya que la mayoría de las causas de la baja calidad y baja productividad son parte del sistema y por lo tanto se encuentran fuera del control de los trabajadores.

11. Remover las barreras que le quitan orgullo en su trabajo al trabajador. La responsabilidad de los trabajadores debe cambiar de la cantidad, hacia la calidad.

12. Remover las barreras que le quitan a los gerentes e ingenieros el orgullo en su trabajo. Esto significa, entre otras cosas, la eliminación de la administración por objetivos.

13. Implementar un programa activo de educación y auto superación.

14. Poner a todos en la empresa a trabajar para lograr la transformación. Toda actividad y todo trabajo es parte del proceso.

Deming también enumera las Siete Enfermedades Mortales de la empresa:

1. Falta de constancia y propósito.

2. Énfasis en ganancias de corto plazo.

3. Evaluaciones en base a desempeño.

4. La rotación de la gerencia.

5. Administrar a la empresa solo en base a métricas visibles.

6. Costos médicos excesivos.

7. Costos legales excesivos.

Finalmente, también menciona ocho obstáculos de menor categoría:

1. Descuidar la planeación de largo plazo.

2. Depender de la tecnología para resolver problemas.

3. Buscar ejemplos a seguir en lugar de desarrollar soluciones propias.

4. Las excusas, tal como "nuestros problemas son diferentes".

5. La creencia que las habilidades gerenciales pueden ser enseñadas en clases (también se requiere práctica).

6. Dependencia en los departamentos de control de calidad, en lugar de hacer la calidad responsabilidad de la gerencia, supervisores, gerentes de compra, y trabajadores.

7. Culpar a los trabajadores que solo son responsables del 15% de los errores, donde el sistema diseñado por la administración es responsable del 85% de los mismos.

8. Confiar en la inspección de calidad en lugar de mejorar la calidad del producto.

El mensaje de Deming es claro: la calidad es responsabilidad de todos, y los problemas de calidad generalmente son sistémicos, por lo tanto no controlables por un trabajador en particular.

¿Pero qué quiere decir que un problema sea sistémico? Deming nos está indicando que la empresa es un sistema. Dentro de la Teoría de Sistemas, un sistema es un conjunto de componentes que interactúan entre sí en forma estructurada, y generan un comportamiento global. Bajo esta definición, una empresa claramente es un sistema. Está hecha de gente, maquinaria, equipo, y otros recursos, interactuando entre sí en forma estructurada, y generan un comportamiento global, ingestando por un lado recursos, y generando como resultado productos y servicios, y como consecuencia, un retorno sobre inversión.

Cuando decimos que un problema es sistémico, estamos indicando que el problema emerge de la forma como los elementos interactúan entre sí. Es un problema causado por un diseño defectuoso de los procesos del sistema, o por la falta de recursos. Entonces, si la empresa tiene problemas de calidad o baja productividad, éstos no se van a resolver simplemente exigiendo resultados a los trabajadores. Lo que se debe hacer es un estudio detallado del problema, y entender las concatenaciones de causa y efecto que están generando los malos resultados. Este entendimiento nos llevará a identificar los problemas de procesos o falta de recursos, y nos permitirá solucionarlo. Regresando al Experimento de las Cuentas Rojas, por mucho que se mide, premia y castiga a los trabajadores, éstos no tienen el control sobre el proceso. El proceso es claro: recolectar lotes de cuentas con la palita, sin tocarlas con la mano. Claramente este es el problema. Si cambiamos el proceso y le damos una herramienta diferente a los trabajadores, por ejemplo, unas pinzas en lugar de la palita, los trabajadores podrán extraer solo cuentas blancas, y ni una sola roja, logrando el objetivo de cero defectos. Pero nótese como al modificar una variable para bien, modificamos otra para mal. Al incrementar la calidad y lograr cero defectos usando una pinza, por lógica reduciremos la producción de cuentas por unidad de tiempo, ya que usar la palita es mucho más rápido que sacar las cuentas una por una del contenedor con una pinza. Para incrementar la productividad, sin afectar el objetivo de cero defectos, se tendría que automatizar el proceso, creando una máquina que con un sensor óptico rápidamente detectara las cuentas blancas y las dejara pasar por un conducto, y filtrara las rojas. Finalmente llegamos a una solución, a través del análisis del proceso de negocio y la identificación de recursos requeridos, en lugar de tratar de lograr mejores resultados premiando y castigando a trabajadores.

Este ejemplo está diseñado para que sea simple y obvio, pero la verdad es que en prácticamente todas las empresas se comete el error de exigir resultados a los trabajadores, en lugar de mejorar procesos e incrementar recursos. Especulamos que la razón por la cual este concepto de Deming no es aplicado en forma general a toda la empresa es porque las teorías y métodos de Deming son probablemente percibidos por los gerentes y directores como pertenecientes solo dentro del área de manufactura, bajo el concepto de Control Total de la Calidad. Ciertamente las ideas de Deming han tenido su mayor impacto en el área de manufactura, pero no hay razón por la cual sus métodos no sean aplicados a toda la empresa.

El proceso propuesto por Deming para identificar y mejorar continuamente los procesos de la empresa se llama Planea-Haz-Estudia-Ajusta, o PDSA por sus siglas en inglés. Explicaremos cada uno de sus pasos:

- Planea: en este paso se establecen las metas y los procesos necesarios para lograr los resultados deseados.
  a
- Haz: En este paso se activa el proceso, manufacturando el producto u ofreciendo el servicio. Igualmente, se recolectan datos para ser usados en los dos pasos siguientes.

- Estudia: se estudian los resultados actuales, y se comparan con las métricas establecidas, para analizar sus diferencias. Se utilizan los datos recopilados en la fase de "Haz", y se analiza lo más posible, estableciendo relaciones de causa y efecto que pudieron haber causado las desviaciones.

- Ajusta: se toman acciones correctivas en los procesos y recursos para mejorarlos y así poder lograr las métricas establecidas.

Este procedimiento está basado en el método científico, y su aplicación continua a cada meta establecida llevará a la empresa a cumplir con sus objetivos estratégicos.

Hasta aquí no hay ningún problema, y de hecho las teorías de Drucker y Deming coinciden. El problema ha sido que los gerentes y directores han implementado el método pavloviano de condicionamiento en base a premios y castigos para llevar a los trabajadores a cumplir las métricas establecidas.

Lo que Deming propone es un cambio radical de esta actitud: en lugar de premiar o castigar el cumplimiento de métricas, se debe premiar la innovación en procesos. En otras palabras, quien mejor implemente el método PDSA y logre mejoras de procesos que lleven al cumplimiento de las metas, es quien debe ser recompensado. Veamos el siguiente diagrama:

Diagrama 4: Premio o castigo por desempeño vs premio por mejora de procesos

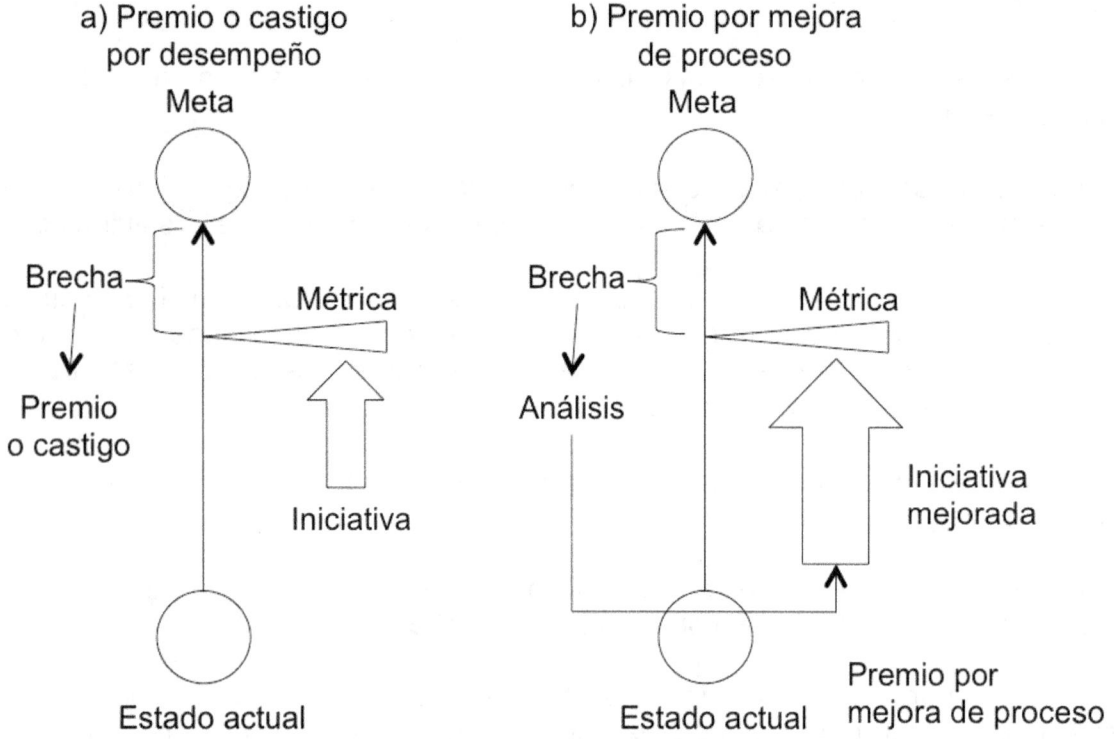

a) Premio o castigo
por desempeño

b) Premio por mejora
de proceso

En la primera parte del diagrama, mostramos cómo la administración premia o castiga al trabajador en base a la brecha actual entre la métrica y la meta. Si la métrica llegó a cierto punto en cierto momento, se premia; si no, se castiga. Como ya mencionamos, este método de administración de desempeño es contraproducente, ya que casi siempre el trabajador no tiene control de los procesos que generan las métricas, sino que es parte del proceso mismo. Vemos en el diagrama que no hay flecha que conecte el premio o castigo con la iniciativa (la cual se compone de procesos). Es como pedirle al motor de un automóvil que maneje el vehículo; simplemente no es posible; el motor genera movimiento, pero ciertamente no puede controlar el sistema. Los trabajadores que logren las metas por accidente serán recompensados, y los trabajadores que no, no lo serán, o peor aún, serán castigados con el despido. Esto lleva al estrés, reducción en productividad, reducción en calidad, y rotación de personal, todo lo cual representa pérdidas económicas para la empresa. Exactamente lo contrario a lo que se quería lograr.

En la segunda parte del diagrama, vemos que lo que se hace es un análisis de la brecha. ¿Qué tan grande es? ¿Qué la causa? ¿Qué podemos aprender? ¿Qué procesos y recursos participan? ¿Cómo mejoramos los procesos para lograr las metas? Estas preguntas y la búsqueda de soluciones se tiene que hacer en equipo, entre los gerentes y los trabajadores. Entonces, a los trabajadores que logren identificar los procesos deficientes que estén causando la falta de cumplimento con las metas, y que propongan mejores procesos, se les premia y se les reconoce su ingenio, esfuerzo, y dedicación. Al hacer esto, los trabajadores dejan de ser meros engranes de los procesos, y se convierten en verdaderos pilotos, dirigiendo con inteligencia la eficiencia y efectividad de los procesos de los cuales son responsables. Nótese que esto sigue siendo administración por objetivos, pero sin premiar o castigar en base a brechas entre métricas y metas, sino con un enfoque a la mejora continua de procesos, reforzada por medio de premios a los trabajadores que logran tal mejora.

El Sistema de Conocimiento Profundo

Para unificar los temas que hemos cubierto, veremos ahora el Sistema de Conocimiento Profundo[8] (System of Profound Knowledge, SoPK, por sus siglas en inglés). Este sistema está basado en todas las experiencias, del Dr. Deming.

Si aplicamos correctamente los principios de SoPK, podemos simultáneamente reducir los costos a través de la reducción del desperdicio, repetición de trabajo, y rotación de personal, y al mismo tiempo incrementar la calidad, la lealtad del cliente, la satisfacción del trabajador, y el retorno sobre inversión.

El SoPK está basado en 4 áreas:

1. Enfoque en la teoría de sistemas. Como ya vimos, al ver a la empresa como un sistema de elementos interrelacionados en lugar de elementos aislados, podemos entender las concatenaciones de causa y efecto, y mejorar el sistema. Deming claramente nos demuestra que la vasta mayoría de los problemas de la empresa están en el sistema, no en los trabajadores como individuos.

2. El entendimiento del concepto de variación. En cualquier empresa siempre hay variación de resultados, y de hecho hay dos tipos de variaciones: variaciones de causa común, y variaciones de causa especial. Las variaciones de causa común son generadas por problemas intrínsecos al sistema, tal como los defectos, errores, desperdicio, etc. En un sistema estable, las variaciones de causa común serán estadísticamente predecibles, teniendo promedios y desviaciones estándar. Las variaciones de causa especial, por otro lado, son generados por factores externos al sistema, tal como acciones de la competencia, clientes, proveedores, gobierno, sindicatos, etc. El entender la diferencia entre los dos, y los rangos predecibles de la variación común, nos permite evitar tomar decisiones erróneas y empeorar las cosas.

3. Teoría del Conocimiento. En este aspecto, el Dr. Deming está en contra de la gerencia que confunde opiniones con hechos, y los exhorta a probar sus opiniones y creencias usando datos concretos, para entender qué es lo que verdaderamente está ocurriendo, y analizar cómo corregirlo. Esto se logra usando el método que ya revisamos en detalle, PDSA.

4. Psicología: el aspecto más importante y difícil del SoPK se enfoca en las personas. La gerencia puede crear el mejor sistema, entenderlo todo sobre la variación y el conocimiento, y aún así no tener una organización exitosa, si no logra entender a la gente, y qué los motiva a hacer un buen trabajo. El Dr. Deming entendió que la gente está motivada principalmente por necesidades intrínsecas, tal como el deseo de hacer un buen trabajo, sentirse orgulloso del mismo, trabajar en equipo para lograr un objetivo común, y sentirse aceptado y reconocido por su grupo social. El reconocimiento extrínseco, o sea, el dinero, es necesario más no es suficiente.

---

[8] The Deming Institute, "The System of Profound Knowledge", Web. September 2014
https://www.deming.org/theman/theories/profoundknowledge

La Motivación del Trabajador

Abraham Maslow en su libro "Motivation and Personality[9]" postuló que todo ser humano tiene 5 tipos de necesidades básicas:

1. Fisiológicas: aire, agua, comida, temperatura, dormir, sexo, etc. Son las necesidades más básicas que compartimos con todos los animales.

2. Seguridad: Una vez que las necesidades fisiológicas están más o menos satisfechas, el ser humano busca la seguridad: personal, de salud, y financiera.

3. Amor y Pertenencia: Cuando logramos satisfacer las tres primeras necesidades, buscamos sentirnos amados y que pertenecemos a un grupo. Esto se busca en la familia, amigos, y pareja principalmente.

4. Estima: el cuarto nivel, el ser humano busca sentirse respetado. Es la búsqueda de la auto-estima que surge de ser aceptado y valorados por otros. Esto es lo que la gente busca en su trabajo u organización.

5. Realización personal: en este nivel, la persona busca lograr su máximo potencial como ser humano. La persona desea lograr todo lo que les es humanamente lograr.

La empresa tiene la obligación de proveer satisfacción de nivel 2, seguridad. Lo hace a través del sueldo y prestaciones, y cualquier nivel de seguridad que provee dentro del ambiente de trabajo. El trabajador usa este sueldo para realizar la mayoría de sus necesidades de nivel 1. Una empresa que no provee los recursos para lograr satisfacer el nivel 2, por lógica no dura mucho tiempo como negocio, porque no podría atraer trabajadores. Es lo mínimo que toda empresa debe hacer para existir.

Por otro lado, la empresa que busca la excelencia, aparte de proveer al trabajador la satisfacción del nivel 2, provee también satisfacción del nivel 4, estima. Los seres humanos nacemos con un instinto tribal de formar grupos y colaborar por el bien común. Es una necesidad fundamental. La satisfacemos perteneciendo a una escuela, grupo de amigos, pandilla, organización deportiva, organización religiosa, o una empresa. Si la empresa establece una cultura corporativa que aproveche este instinto tribal del ser humano, logrará niveles de desempeño superiores.

Como un primer paso, el reconocimiento de logros se puede ir implementando en el siguiente orden:

1. Entrenar a los supervisores para que reconozcan en forma verbal y consistente los logros de los trabajadores. Esta es la técnica más poderosa de motivación disponible para la empresa, además de que no tiene ningún costo.

2. Instituir un programa de reconocimiento de logros en base a premios como reconocimientos en ceremonias oficiales, diplomas, y trofeos. El objetivo es que el

[9] Maslow, Abraham, "Motivation and Personality", United States, Longman, 1987.

reconocimiento sea público, lo cual es muy importante para la auto-estima de la persona recibiendo el reconocimiento.

3. Premios económicos y en especies en base a resultados. Estos pueden ser dinero, pero también en la forma de monedas de metales preciosos, relojes, viajes, etc.

Pero la motivación del trabajador no solo se logra por medio de premios, sino que el trabajo mismo que realiza debe estar diseñado de tal forma que provea satisfacción emocional. Durante el comienzo de la administración científica iniciada por Frederick Taylor, el objetivo era hacer el trabajo lo más sencillo y fácilmente repetible para así incrementar la productividad. Lo que descubrieron es que en efecto, se incrementaba la productividad al principio, pero el trabajo se hacía tan monótono que causaba gran insatisfacción en el trabajo, incrementando la rotación, y llegando a generar huelgas y protestas por parte de los trabajadores. Las cosas llegaron a tal extremo, que el rechazo de los métodos de Taylor fortalecieron mucho a los movimientos sindicales en Estados Unidos. Esto causó que varios otros teóricos de la administración propusieran modificaciones a las teorías de Taylor para evitar este rechazo de los trabajadores.

Eventualmente surgió la teoría del rediseño del trabajo en la década de los 60s. En 1975, Greg R. Oldham y J. Richard Hackman elaboraron la Teoría de las Características de Trabajo (JCT por sus siglas en inglés), teoría expuesta en su libro "Work Redesign", publicado en 1980[10].

De acuerdo a su teoría, cinco características base del trabajo generan tres estados psicológicos críticos. En medio, se tienen factores moderadores, los cuales regulan la interacción. Veamos cada uno:

Las características base del trabajo son:

1. Variedad de habilidades: indica el número de actividades diferentes requeridas por el trabajo. Los trabajadores se sienten más satisfechos cuando hay más variedad de tareas que hacer en comparación con hacer una sola cosa simple y repetitiva durante horas.

2. Identidad de tareas: indica qué tan completa y visible es la tarea. Si el trabajador está involucrado en solo aportar una parte muy específica del trabajo, y no tiene la oportunidad de ver el resultado final de su esfuerzo visualizado en un producto completo terminado, donde pueda decir "yo construí esto", sentirá menos satisfacción. Si puede ver un resultado final de su trabajo, sentirá satisfacción.

3. Significado de las tareas: el nivel de impacto que el trabajo logra en la vida de los demás. Este impacto puede ser dentro de la organización, o en el mundo exterior. Los trabajadores sienten más satisfacción si su trabajo mejora significativamente el bienestar físico o psicológico de los demás.

4. Autonomía: es el nivel de libertad que tiene el trabajador para planear su propio trabajo y determinar el procedimiento para realizarlo, en lugar de tener que seguir un procedimiento dictado por su jefe o un manual operativo.

---

[10] Oldham, Greg R., Hackman, Richard; "Work Redesign", United States, FT Press, 1980

5. Retroalimentación: el nivel de información transmitida al trabajador con respecto a la efectividad y eficiencia de su trabajo. Cuando el trabajador recibe este tipo de retroalimentación inmediata, tienen un mejor conocimiento del impacto de su trabajo.

Estas 5 características base del trabajo pueden generar 3 estados psicológicos en el trabajador:

1. Percepción de importancia. Es el nivel de percepción de que el trabajo es intrínsecamente importante para la empresa o el mundo externo.

2. Sentimiento de responsabilidad por los resultados del trabajo: es el nivel de responsabilidad percibida por los resultados logrados en el trabajo.

3. Conocimiento de los resultados de las actividades de trabajo: es el nivel de conocimiento que tiene el trabajador sobre qué tan bien está haciendo su trabajo.

A su vez, estos 3 estados psicológicos llevan a 3 resultados para la empresa:

1. Motivación para lograr el trabajo. El trabajador es motivado a lograr sus metas establecidas.

2. Satisfacción en el trabajo por parte del trabajador. Al incrementarse la moral se incrementa la productividad, y se reduce la rotación de personal.

3. Calidad en el desempeño. Se incrementa la calidad y cantidad de trabajo logrado.

Hay 3 factores que moderan la interacción entre las características del trabajo y los resultados:

1. Intensidad de la necesidad de crecimiento. Es la intensidad con la que un trabajador siente la necesidad de logros personales, aprender, y desarrollarse.

2. Conocimiento y habilidades: para motivar al trabajador, éste debe tener los niveles de conocimiento y habilidades adecuados para lograr su trabajo.

3. Satisfacción contextual: el contexto del trabajo tiene un alto impacto en la satisfacción de trabajador. Cuando el trabajador se siente satisfecho con factores de ambiente laboral tal como su jefe, remuneración, compañeros de trabajo, ambiente físico, etc., responden mejor a sus trabajos motivantes. Esto se debe a que si tienen que estarse preocupando por factores de ambiente laboral, se distraen de su trabajo.

El siguiente diagrama resume las interacciones de estas variables:

Diagrama 5: Teoría de las Características del Trabajo

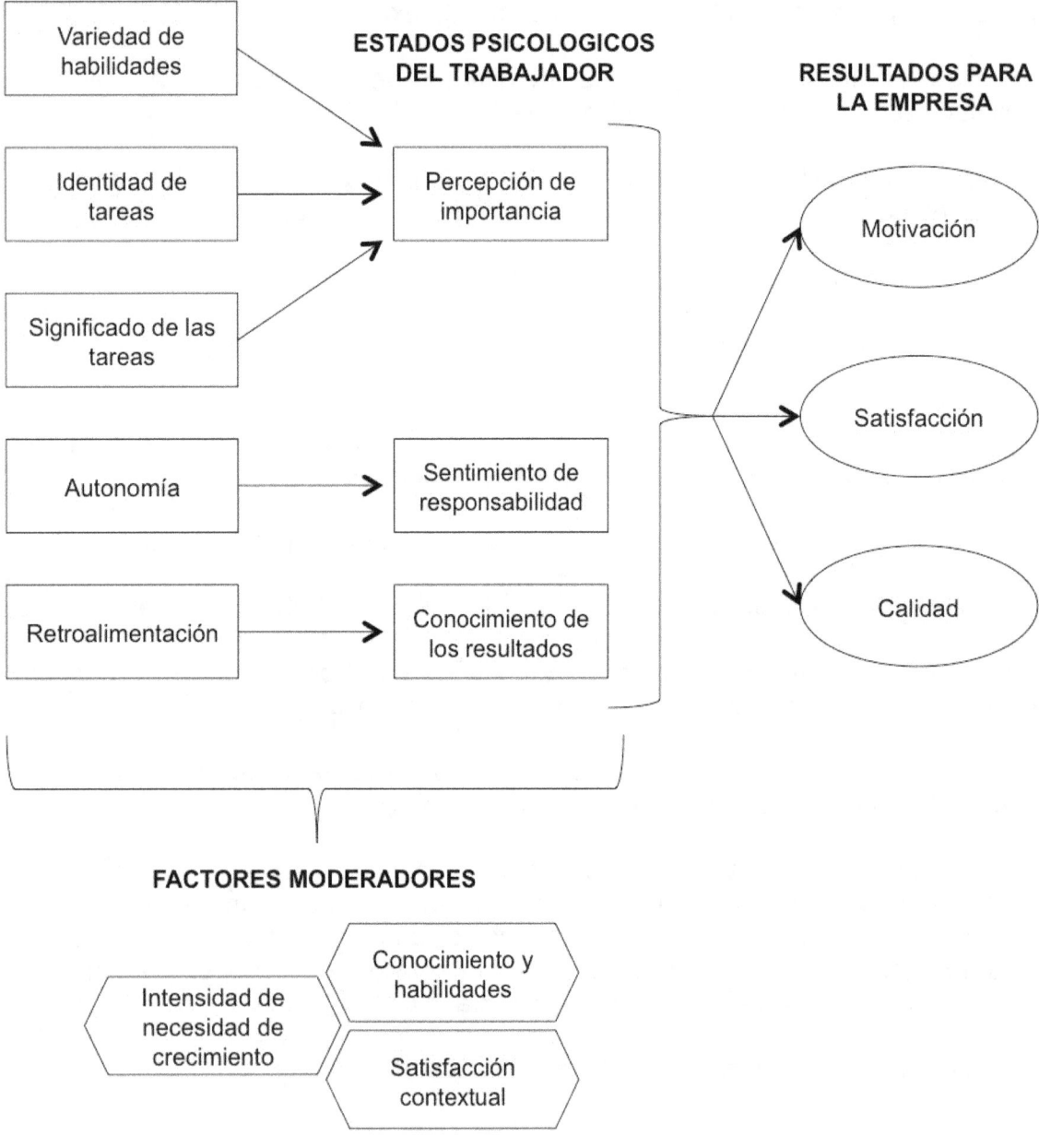

**CARACTERISTICAS
BASE DEL TRABAJO**

Variedad de habilidades

Identidad de tareas

Significado de las tareas

Autonomía

Retroalimentación

**ESTADOS PSICOLOGICOS
DEL TRABAJADOR**

Percepción de importancia

Sentimiento de responsabilidad

Conocimiento de los resultados

**RESULTADOS PARA
LA EMPRESA**

Motivación

Satisfacción

Calidad

FACTORES MODERADORES

Intensidad de necesidad de crecimiento

Conocimiento y habilidades

Satisfacción contextual

Como podemos ver, todos los aspectos de motivación están integrados dentro del factor "retroalimentación" de la Teoría de las Características del Trabajo.

Como responsables de recursos humanos, tenemos tres tareas que cumplir para poder implementar este método en nuestras empresas. Primero, tenemos crear un documento que describa para cada puesto, sus características con respecto a los niveles de variedad de habilidades, identidad de tareas, significado de las tareas, autonomía, y retroalimentación. Para hacer esto hay que hablar directamente con los trabajadores, supervisores e ingenieros, y llegar a un entendimiento profundo de estas 5 características. Después, hay que proponer rediseños en el trabajo para mejorar las 5 características, siempre tomando en cuenta las restricciones inherentes en el trabajo mismo. Por ejemplo, no se puede sugerir que sea un solo empleado el que fabrique todo el producto de comienzo a fin. Esto probablemente haría el trabajo muy satisfactorio para la mayoría de los trabajadores, pero reduciría la productividad a niveles inaceptables.

La segunda tarea que tenemos que realizar es medir los resultados de estos cambios en los estados psicológicos del trabajador, a través de entrevistas y encuestas. Y la tercera tarea es medir los resultados finales en la empresa.

Hay que tomar en cuenta que la Teoría de las Característica del Trabajo no es la única disponible. Michael Armstrong expone las siguientes teorías sobre la motivación del trabajador[11]:

- Teoría de Instrumentalización. Esta teoría nos indica que los premios y castigos son los medios para lograr que la gente se comporte de cierta manera. En su forma más básica, esta teoría nos indica que la gente solo trabaja por dinero, y lo continúa haciendo por miedo a ser despedidos, y perder ese flujo de dinero. Esta teoría emergió en la segunda parte del Siglo XIX, y tiene sus raíces en el Taylorismo de la época, o sea en el comienzo del movimiento de Administración Científica, el cual buscaba racionalizar el entendimiento sobre el trabajo. Tiempo después incluyó los conceptos de condicionamiento de comportamiento desarrollados por Skinner, la teoría de que la gente puede ser condicionada a comportarse de cierta manera si es premiada por el comportamiento. Esta teoría sigue siendo utilizada ampliamente hoy en día. Ciertamente funciona hasta cierto punto, pero su falla es solo tomar en cuenta un solo motivador extrínseco, el dinero, e ignorar todo un rango de motivadores intrínsecos disponibles.

- Teoría del Contenido. También conocida como Teoría de Necesidades. La base de esta teoría es la tesis de que el contenido de la motivación son la necesidades. Una necesidad sin satisfacer crea una tensión y un estado de desequilibrio. Para restablecer el balance, se identifica un objetivo que satisfaga la necesidad, y se selecciona un comportamiento que lleve al cumplimiento del objetivo, y por lo tanto, a la satisfacción de la necesidad. Por lo tanto, todos los comportamientos son motivados por necesidades por cumplir. Esta teoría fue originalmente desarrollada por Maslow.

- Teoría de Proceso: en esta teoría, el énfasis se encuentra en los procesos psicológicos que afectan la motivación, así como en necesidades básicas. También se le conoce como Teoría Cognitiva porque toma en cuenta las percepciones que tiene la gente sobre

---

[11] Armstrong, Michael, "A Handbook of Human Resource Management Practice", United States, Kogan Page Business Books, 2003.

su ambiente de trabajo, la forma como lo interpretan. La Teoría de Proceso provee una guía realista sobre las técnicas de motivación.

- Teoría de Expectativas. Esta teoría nos indica que cuando una persona selecciona una acción entre varias alternativas, su comportamiento es afectado no solo por su deseo de obtener cierto resultado, sino por su creencia de qué tan posible es lograr tal resultado. O sea, tiene una expectativa de éxito al tomar una acción. Las expectativas pueden tener varias intensidades, desde la certidumbre absoluta de que se logrará el resultado, hasta la certidumbre absoluta de que no se logrará el resultado. La motivación sólo se logra cuando se percibe una relación clara entre desempeño y resultado, y el resultado es visto como una forma de satisfacer una necesidad. Esto explica por qué la motivación económica extrínseca solo funciona cuando la relación entre acción y pago es directa. También explica por qué la motivación intrínseca que surge del trabajo mismo puede ser más poderoso que la motivación extrínseca. Los resultados intrínsecos están más bajo el control del individuo, quien pondrá más confianza en sus experiencias pasadas para determinar la probabilidad de obtener resultados. El siguiente diagrama resume esta teoría:

Diagrama 6: Teoría de Expectativas

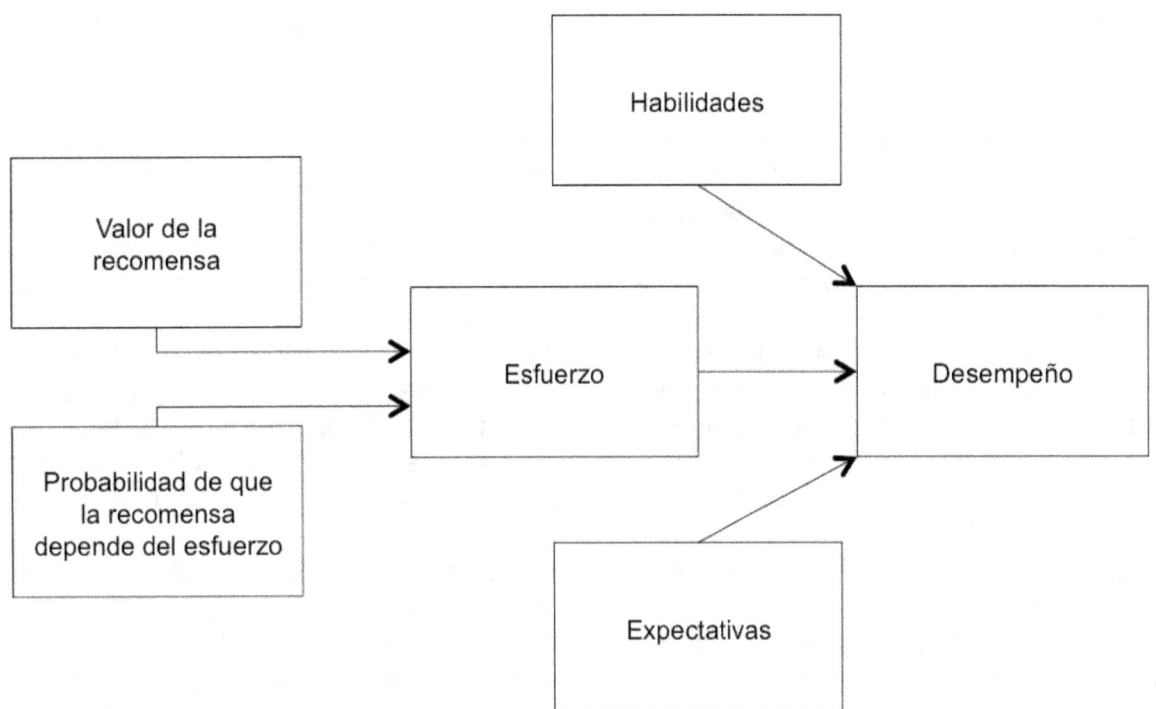

- Teoría de Objetivos. Esta teoría indica que la motivación y el desempeño son mayores cuando se le establecen objetivos específicos al individuo, cuando los objetivos son difíciles pero son aceptados, y cuando hay retroalimentación sobre el desempeño. Es importante que el individuo participe en el proceso de establecer los objetivos, para que los acepte como suyos. Esta teoría está alineada a la Administración por Objetivos.

El Diseño Organizacional

Ya que hemos cubierto algunas de las herramientas estratégicas que necesitaremos, podemos hablar sobre el proceso de diseño organizacional.

Jay R. Galbraith propone el Modelo Estrella para comprender la interrelación entre estructura y los demás aspectos de la empresa[12]:

Diagrama 7: Modelo Estrella

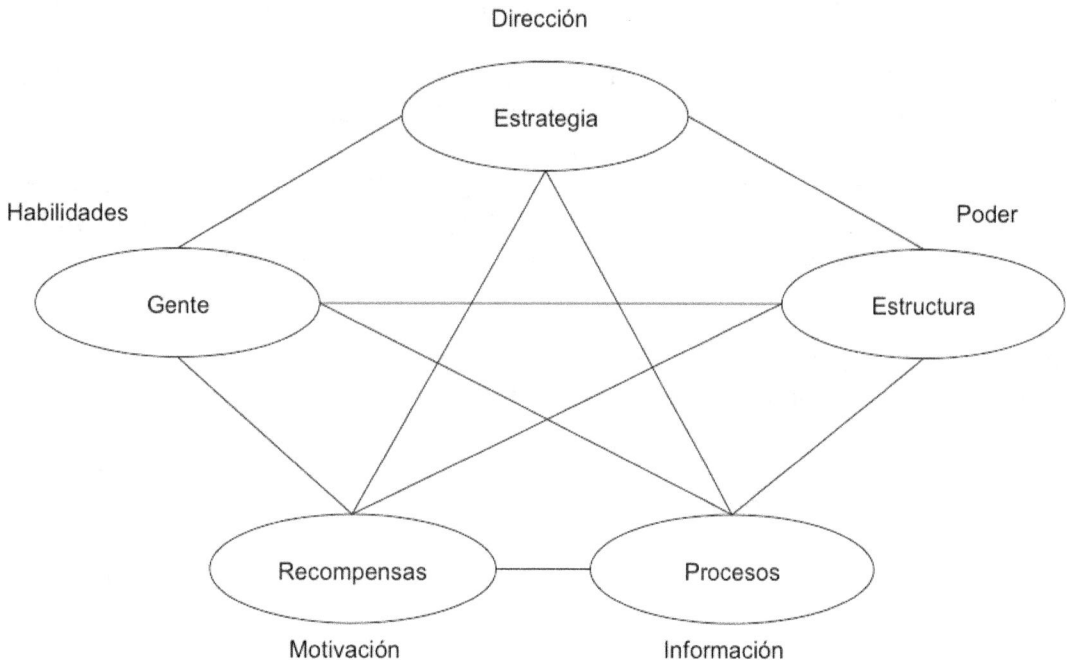

El Modelo Estrella está constituido de 5 categorías de políticas de diseño:

1. Estrategia: como hemos visto, la estrategia determina los objetivos, metas, iniciativas, procesos y recursos que requiere la empresa para lograr sus misión principal. Las estrategias seleccionadas determinarán cuáles actividades son las más necesarias, por lo tanto dictarán el diseño organizacional más efectivo y eficiente.

2. Estructura: La estructura de la organización determinará cómo estará distribuido el poder y la autoridad dentro de la organización. Las políticas de estructura se basan en la especialización, forma, distribución del poder, y departamentalización. La especialización hace referencia a los tipos y cantidades de especializaciones de trabajo usados en la empresa para realizar el trabajo. Forma se refiere al número de personas dentro de cada departamento y el alcance de control. La distribución del poder se refiere al nivel de centralización o descentralización de la empresa. La departamentalización es el concepto de crear departamentos en cada nivel de la estructura. Las dimensiones

[12] Galbraith, Jay R., *"Designing Your Organization: Using the STAR Model to Solve 5 Critical Design Challenges"*, United States, Jossey-Bass, 2009.

usadas para determinar los departamentos son funciones, productos, flujo de trabajo, mercados, clientes, y geografía.

3. Los procesos de la empresa pueden ser tanto verticales como horizontales. Los procesos verticales están relacionados con actividades de control, tal como procesos de planeación y control presupuestal. Los procesos laterales son aquellos normales al flujo de trabajo que producen el bien o servicio.

4. Recompensas: como hemos visto, el objetivo de tener recompensas es motivar a la gente para que ejecuten sus procesos correctamente, así como motivarlos a que mejoren sus procesos continuamente.

5. Gente: esta es el área de recursos humanos con todas sus funciones que conocemos.

El punto fundamental que transmite el Modelo Estrella es que estas 5 variables se influencian mutuamente, y al final determinan la estructura organizacional que la empresa necesita.

Hay que tomar en cuenta también que en efecto, la estrategia determinará la estructura de la empresa, pero la estructura también determinará las estrategias que podemos seguir, porque una vez que se establece una estructura, tendrá una inercia al cambio, y delimitará nuestros rangos de acción.

Con este entendimiento, el director de recursos humanos puede proponer diseños organizacionales que ayuden a implementar la misión de la empresa en una forma más efectiva y eficiente.

Tenemos las siguientes opciones de diseño organizacional:

1. Estructura funcional: la empresa se divide en especialidades ocupacionales: marketing, ventas, finanzas, producción, etc.

2. Estructura divisional: la empresa se divide por similitud de propósitos: en esta estructura, las diferentes funciones ocupacionales son agrupadas principalmente por tipo de mercado, tipo de cliente, o zona geográfica.

3. Estructura de matriz: la empresa se divide simultáneamente por funciones y por divisiones, con cadena de comando doble.

4. Estructura por equipos: las funciones están integradas en equipos de trabajo planos, con cadenas de comando cortas.

Hay otras variantes menores, pero podemos decir que éstas son las estructuras fundamentales.

Cada tipo de estructura tiene sus ventajas y desventajas, dependiendo del tipo de estrategia que tengamos: liderazgo de precio, liderazgo de producto, o estrategia de enfoque. Veamos sus interacciones en la siguiente gráfica.

Diagrama 8: Afinidad entre Estrategias y Estructuras

TIPO DE ESTRUCTURA

ESTRATEGIA	Funcional	Divisional	Matriz	Equipos
Liderazgo de precio	Alta	Alta	Media	Baja
Liderazgo de producto	Media	Media	Baja	Alta
Estrategia de enfoque	Media	Alta	Baja	Alta

Hay estrategias que tienen una alta afinidad con ciertas estructuras, y baja afinidad con otras.

La estrategia de liderazgo de precio requiere control de costos estrictos, lo cual implica funciones bien definidas, y un alto nivel de control. Por eso, tanto la estructura funcional como la divisional son adecuadas. Si la empresa tiene muchas líneas de producto y/o mucha extensión geográfica, la estructura divisional es la ideal; si no, la funcional es la adecuada. La estructura de matriz también se puede utilizar, aunque en general no es muy adecuada, ya que su desventaja es la doble línea de reporte. La estructura por equipos es la menos adecuada de todas, ya que el objetivo de la estructura por equipos es darles un alto nivel de autonomía, lo cual reduce la posibilidad de controlar costos.

La estrategia de liderazgo de producto requiere más creatividad e independencia, para poder leer las condiciones de mercado, desarrollar productos, y distribuirlos en forma rápida. Dependiendo de la naturaleza y tamaño de la empresa, tanto la estructura funcional como la divisional son buenas opciones. Por otro lado, la estructura de matriz no es indicada, ya que puede limitar la agilidad de la empresa. La estructura por equipos es la más indicada, si la empresa es todavía relativamente joven.

Para la estrategia de enfoque, la estructura funcional puede ser adecuada, pero si el enfoque está basado en productos o zonas geográficas, la estructura divisional es la ideal. Igual que en el caso de la estrategia de liderazgo de producto y por las mismas causas, la estructura de matriz no es ideal, y la estructura de equipos puede funcionar si la empresa es joven.

Estas relaciones son unas aproximaciones de alto nivel. A la hora de implementación de casos específicos, debemos hacernos varias preguntas para determinar el diseño ideal. Debemos recordar que después de todo, el objetivo del diseño estructural es el control. Entonces, la primera pregunta que tenemos que hacernos es, ¿en qué aspecto enfocamos nuestro control? Los tres grandes focos de control giran alrededor de precio, producto y enfoque. Pero recordando el Balanced Scorecard, tenemos la perspectiva financiera, perspectiva del cliente, perspectiva de procesos, y perspectiva de innovación y crecimiento. Cada una de estas perspectivas contienen varias iniciativas, las cuales debemos tomar en cuenta a la hora de diseñar o adaptar la estructura organizacional. No es fácil crear grandes generalizaciones dada la infinidad de iniciativas que se pueden implementar. La única que realmente aplica es la dicotomía entre control y creatividad. Si queremos controlar costos, no podemos pedirle a la gente que sea demasiado creativa, porque la creatividad implica hacer muchas pruebas, las cuales la mayoría fracasarán, implicando altos costos al principio, y solo retornos mucho tiempo después. Por eso tenemos las dos grandes estrategias de liderazgo de precio vs. liderazgo de producto, con la estrategia de enfoque siendo un caso especial de cualquiera de las dos.

Lo que sí podemos hacer es analizar a detalle cada iniciativa del Balanced Scorecard, y preguntarnos dos cosas: a) ¿qué implica esta iniciativa para el diseño organizacional actual?, y b) ¿permite el diseño organizacional actual el implementar esta iniciativa, y si no, qué cambios son requeridos?

Pensemos en un ejemplo. Imaginemos que una de las iniciativas de la empresa es expender sus productos a un nuevo país. La empresa tiene una estrategia general de liderazgo de costos. Entonces nos hacemos la pregunta, ¿podemos introducir esta línea de productos a un mercado totalmente nuevo, con la estructura organizacional que tenemos actualmente? Sabemos que nuestra estructura actual es extremadamente estricta en cuestión de control de costos. Tenemos un diseño organizacional funcional, y tenemos un área de finanzas muy poderosa, que vigila estrechamente todos los gastos. Entonces podemos ver que probablemente tendremos un problema. El penetrar un mercado totalmente nuevo implica muchos experimentos de prueba y error. Tendremos que estudiar el mercado; lanzaremos una campaña de marketing a un tipo de cliente que no entendemos al 100%; contrataremos a vendedores de un país con el que nunca hemos interactuado, y del cual desconocemos totalmente sus costumbres. Es obvio que tendremos que recorrer una curva de aprendizaje bastante larga, y en el proceso habrá errores necesarios, y por lo tanto, gastos inesperados. Podemos ver que la estructura corporativa que tenemos actualmente en nuestro país no podrá lidiar con la nueva división extranjera; habrá todo tipo de fricción entre el departamento de finanzas y la nueva división. No solo eso, sino que las culturas son diferentes; habrá cierto nivel de fricción entre el área de ventas, marketing y soporte del nuevo país con sus jefes funcionales en el corporativo.

En base a estas observaciones, podemos proponerle a la dirección general el modificar la estructura corporativa, y crear una división independiente en el nuevo país. Esta división tendrá sus propias funciones y su propio presupuesto, y el director general de la división le reportará al nuevo puesto creado, el Vicepresidente de Nuevos Mercados. Con este diseño, la empresa mantiene su estructura original en nuestro país, y permite que una nueva organización se desarrolle en el nuevo mercado. En el futuro, cuando la nueva división madure, podemos analizar si la integramos funcionalmente a la estructura global. El siguiente diagrama nos muestra las diferencias.

Diagrama 9: Ejemplos de Cambios de Diseño Organizacional

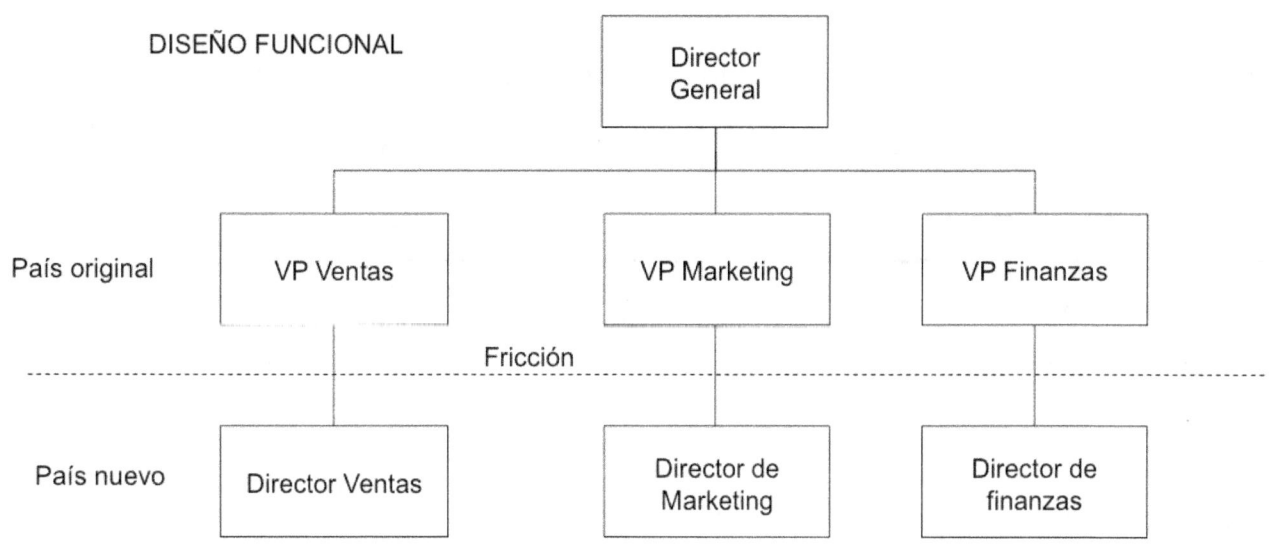

DISEÑO FUNCIONAL

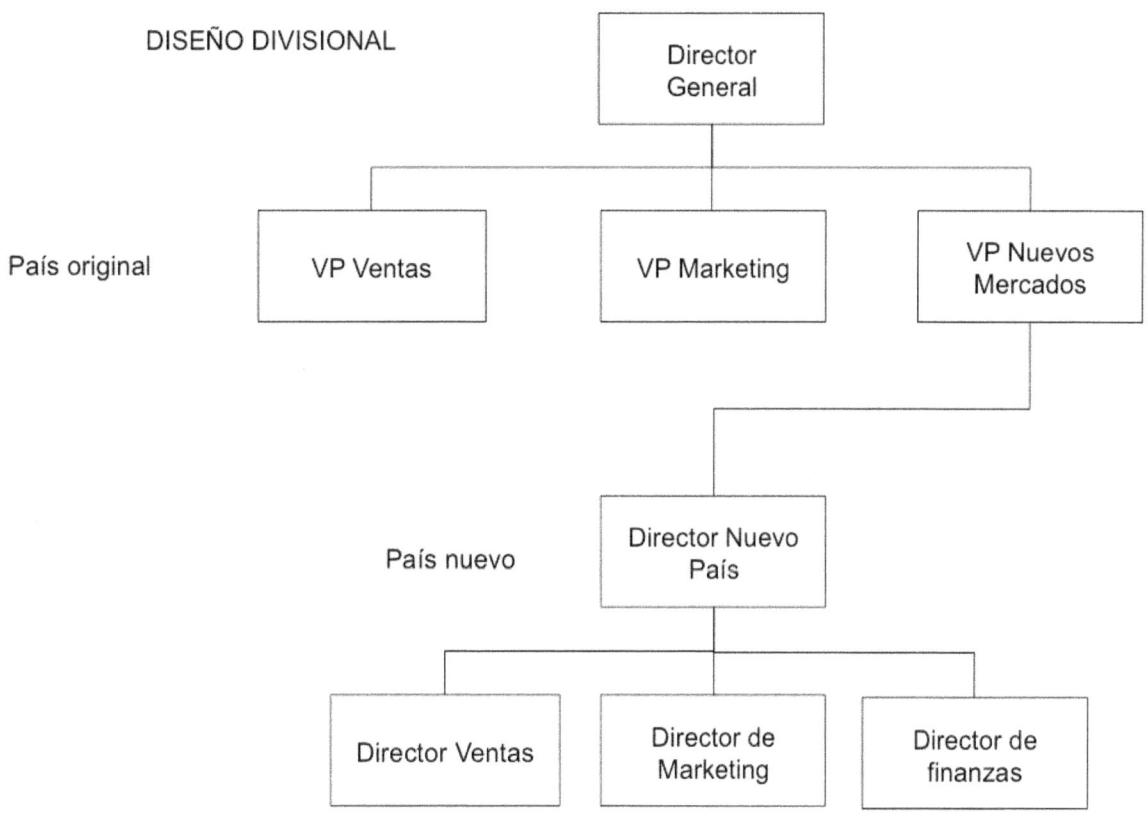

DISEÑO DIVISIONAL

Matriz Puesto-Competencias

Una vez que tenemos el diseño organizacional, el cual implica tener la lista de todos los puestos que requerimos, debemos entender qué competencias requiere tener cada puesto.

Diagrama 10: Conexión entre Objetivos Estratégicos y Competencias

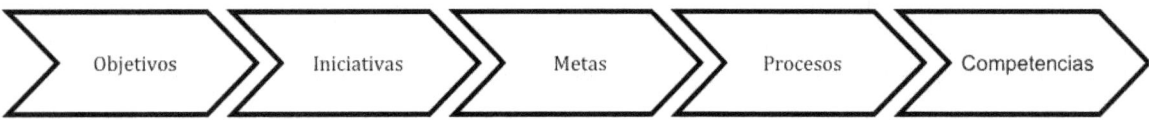

¿Qué es exactamente una competencia? Una competencia es la capacidad de aplicar un conjunto relacionado de conocimientos y habilidades para lograr desempeñar en forma exitosa funciones específicas de trabajo.

Para poder crear una matriz puesto-competencia, como primer paso debemos desarrollar un modelo de competencias para la empresa. En nuestro caso, estaremos usando las recomendaciones del Departamento de Trabajo (Department of Labor) de Estados Unidos, utilizando las recomendaciones presentadas en su sitio web www.careeronestop.org.

La siguiente gráfica nos muestra el modelo del Departamento de Trabajo que estaremos usando:

Diagrama 11: Pirámide de Competencias

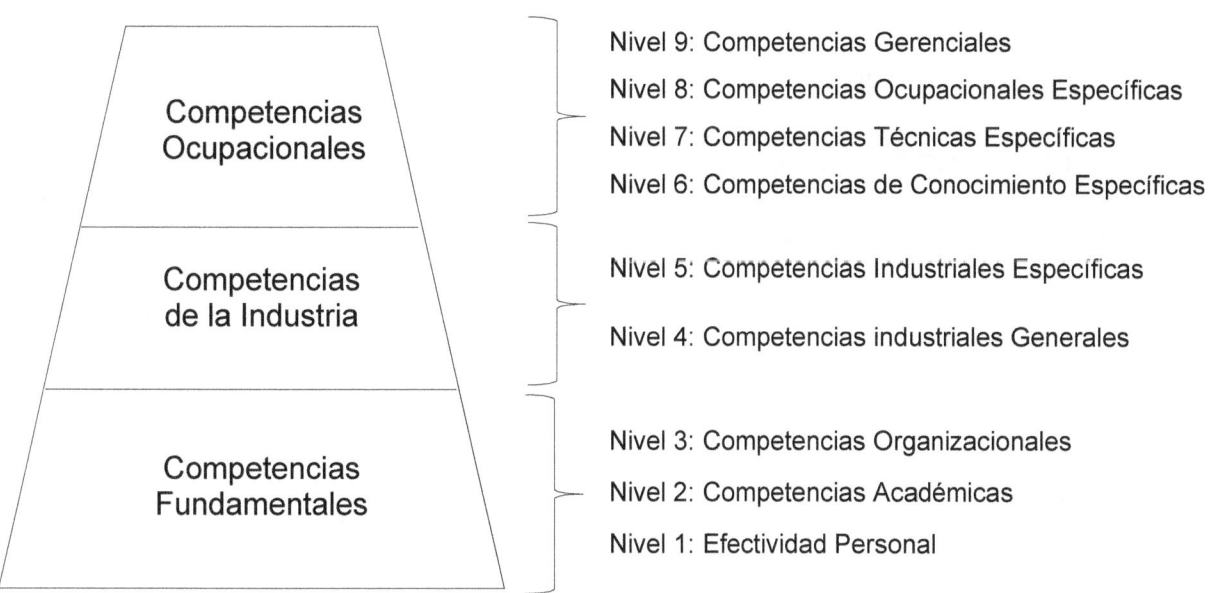

La Pirámide de Competencias está formada por tres niveles de grandes categorías y un total de 9 niveles de tipos de competencia. Veamos cada uno.

Nivel 1: Efectividad Personal. Son las competencias más básicas, que se aplican a todos los aspectos de la vida, no solo en el trabajo. Estas competencias se aprenden desde la niñez, y son prácticamente imposibles de enseñar en el adulto. Estas competencias son:

- Habilidades interpersonales

- Integridad

- Profesionalismo

- Iniciativa

- Confiabilidad

- Disponibilidad a aprender

Nivel 2: Competencias académicas. Son las competencias críticas aprendidas en un ambiente escolar, así como funciones cognitivas y estilos de pensamiento. Son la base de las competencias ocupacionales e industriales. Estas son:

- Lectura

- Escritura

- Matemáticas

- Ciencia y tecnología

- Comunicación – escuchar y hablar

- Pensamiento crítico y analítico

- Capacidad de aprendizaje activo

- Habilidades básicas en uso de computadora

Nivel 3: Competencias Organizacionales: Son las habilidades que le permiten funcionar al individuo en un ambiente organizacional:

- Trabajo en equipo

- Adaptabilidad

- Flexibilidad

- Enfoque en el cliente

- Planeación y organización

- Pensamiento creativo

- Solución de problemas

- Toma de decisiones

- Habilidad para trabajar con herramientas y tecnología

- Uso de aplicaciones de software relacionadas al trabajo

- Administración de tiempo

- Capacidad de coordinación

- Habilidades administrativas básicas

Para este nivel, se recomienda usar el "Harvard University Competency Dictionary"[13].

Nivel 4: Competencias Industriales Generales. Las competencias en este nivel representan los conocimientos y habilidades requeridos en cierta industria en general:

---

[13] *Harvard University, "Competency Dictionary", Web. September 2014.*
http://campusservices.harvard.edu/system/files/documents/1865/harvard_competency_dictionary_complete.pdf

- Producción

- Mantenimiento, instalación y reparación

- Manufactura

- Diseño de procesos

- Administración de cadena de suministro

- Control de calidad y mejora continua

- Salud y seguridad

Nivel 5: Competencias Industriales Específicas. Aquí se incluyen los conocimientos y habilidades necesarios para una industria específica. Estas son tantas y tan variadas, que no las podemos listar aquí.

Nivel 6: Competencias de Conocimiento Específicas. Toda ocupación requiere una base de conocimientos específica, más allá de lo que se requiere en cierta industria. Igual que en el caso del nivel 5, la lista es demasiado grande y específica para incluirla aquí. Pero el objetivo de este nivel es indicar qué conocimiento ocupacional específico se requiere para el puesto: química, biología, ingeniería industrial, leyes, psicología, etc.

Nivel 7: Competencias Técnicas Específicas. Encima de las competencias de conocimiento específicas, algunos puestos requieren competencias técnicas más específicas. Por ejemplo, si la competencia de conocimiento es química, una competencia técnica relacionada sería química petrolera.

Nivel 8: Competencias Ocupacionales Específicas. Estas competencias incluyen conceptos mucho más específicos tal como certificaciones y especializaciones, o entrenamiento espacial de algún tipo. Regresando al ejemplo de la química de petróleo, en este nivel se podría indicar que se requiere una certificación en la operación de ciertos aspectos de una plataforma petrolera.

Nivel 9: Competencias Gerenciales. Estos son conocimientos y habilidades específicos para los niveles gerenciales:

- Administración de personal

- Generación de reportes

- Capacidad para delegar

- Capacidad para hacer contactos

- Capacidad de supervisión

- Capacidad de motivar

- Planeación estratégica

- Presupuestos

- Determinación de objetivos

- Administración del conflicto

- Administración de equipos de trabajo

- Administración de recursos

Para construir la Matriz Puesto-Competencias para nuestra empresa, debemos de listar los conocimientos y habilidades requeridos para el puesto en estos 9 niveles, y también qué nivel de desarrollo requerimos para cada conocimiento y habilidad. Los niveles de desarrollo son los siguientes[14]:

1. Principiante: comportamiento en base a reglas fijas; habilidad limitada y sin flexibilidad. Actúa siguiendo paso a paso las instrucciones dadas.

2. Principiante con experiencia: tiene la capacidad de comprender el proceso. Comienza a incorporar conocimiento adquirido en base a su experiencia el cual no es parte de su entrenamiento básico.

3. Practicante: actúa conscientemente en base a objetivos y planes de largo plazo.

4. Practicante con conocimiento: puede ver todo el proceso como un entero y actuar de acuerdo a sus convicciones personales.

5. Experto: tiene un entendimiento intuitivo de la situación y se puede concentrar en aspectos fundamentales.

También debemos indicar si la competencia es un requerimiento obligatorio para poder contratar a alguien para el puesto, o si es una competencia que se puede ir desarrollando dentro del puesto.

Estos son los pasos para crear la Matriz Puesto-Competencias:

Paso 1: Obtener información relevante sobre el puesto. En este paso hay que hablar con gente experta en el tema, entender en qué consisten los procesos a realizar en el puesto, y buscar en Internet qué estándares y certificaciones existen para ese puesto. En base a esto, hay que:

- Categorizar la información existente

- Comparar esta información con la Pirámide de Competencias

---

[14] Dreyfus, Hubert L., Dreyfus, Stuart E., *"From Socrates to Expert Systems: The Limits and Dangers of Calculative Rationality"*, University of California, Berkley, Web. Septiembre 2014. http://socrates.berkeley.edu/~hdreyfus/html/paper_socrates.html

- Determinar cómo organizar la información de acuerdo a cada nivel de la pirámide

Paso 2: Desarrollar un borrador de la Matriz Puesto-Competencia

En base a los resultados del paso 1, hay que hacer lo siguiente:

- Identificar temas comunes en la información

- Relacionar los temas con los niveles de la pirámide

- Organizar la información usando la pirámide

- Crear un primer borrador de la Matriz Puesto-Competencias

Paso 3: Obtener retroalimentación de expertos en el tema. Hay que organizar grupos de enfoque con gente que sea experta en los conocimientos y habilidades requeridos para el puesto, y hacer lo siguiente:

- Hacer un sumario del modelo de la Pirámide de Competencias para poner la reunión en contexto

- Revisar el borrador, discutiendo cada competencia

- Tomar en cuenta las siguientes preguntas:

  o ¿Estamos incluyendo en la matriz las competencias principales de la industria?

  o ¿Faltan competencias que deberían ser incluidas?

  o ¿Hay que renombrar alguna competencia o término usado?

Paso 4: Refinar la Matriz Puesto-Competencias. El desarrollo de la matriz es un proceso iterativo. Debemos:

- Analizar la información obtenida a través del proceso de retroalimentación

- Editar los nombres de las competencias, así como sus definiciones y comportamientos, en base a la retroalimentación recibida por parte de los expertos

- Agregar o quitar competencias de la matriz en base a lo aprendido

Paso 5: Validar la Matriz Puesto-Competencias

El validar la matriz es un paso esencial para que ésta sea aceptada por los usuarios. El proceso de validación es similar al proceso de desarrollo, excepto que incluimos en el proceso a usuarios potenciales que no participaron en la creación del borrador. Para validar el modelo hay que hacer lo siguiente:

- Distribuir el borrador a usuarios potenciales

- Recolectar retroalimentación

- Incorporar retroalimentación a la matriz

- Concordar que el contenido está completo

En México, la Secretaría de Educación Pública tiene un catálogo muy completo de competencias en su sitio www.conocer.gob.mx.

Proyecciones de Demanda de Personal

El último elemento de la matriz es la proyección de demanda por puesto. Para cada puesto, debemos determinar cuánta gente necesitaremos y para cuándo, tomando en cuenta que tenemos dos fuentes de personal: externa e interna. La fuente externa es la contratación de personal nuevo. La fuente interna es cuando ascendemos o transferimos a un puesto nuevo a personal que ya tenemos en la empresa. Para poder realizar esto eficientemente, debemos tener una base de datos con las competencias de todos los empleados de la empresa. Esto lo veremos más adelante como parte del Plan de Sucesión.

Las iniciativas estratégicas nos darán la pauta sobre qué puestos tendremos que contratar en qué momento, y qué competencias deben tener. Por ejemplo, si una de las iniciativas es "expender nuestras operaciones de ventas al país X", sabremos que tendremos que contratar personal de ventas para ese país. La iniciativa también nos indicará cual es el objetivo de ventas en el nuevo mercado. Entonces tendremos que reunirnos con el área de ventas, para determinar cuántos ejecutivos de ventas son requeridos para lograr las metas establecidas, y qué competencias deben tener. En base a esto podemos preparar nuestro plan de reclutamiento.

Ya que cada iniciativa puede afectar el número de personal en la empresa, debemos asegurarnos de ser parte del proceso de planeación estratégica desde el principio, para que cada iniciativa que sea formulada, tenga explícitamente descrita la cantidad de incremento, o en su caso, decremento de personal.

Reducción de Personal

El objetivo de una iniciativa puede ser la reducción de costos de la empresa, lo cual puede incluir una reducción de personal. O tal vez una iniciativa incluya la descontinuación de una línea de productos, o la salida de un mercado geográfico.

En este caso, el proceso consistirá en analizar cómo reducir el personal impactando la operación lo mínimo posible. Toda reducción del número de empleados tiene 3 efectos:

1. Cambio de la composición de empleados y puestos

2. Cambios en la estructura de costos

3. Cambios en los procesos

El aspecto fundamental sobre la reducción de personal que debemos entender es que la dirección, al pedir reducción de personal, realmente nos está pidiendo reducción de costos. La forma más visible de reducir costos es despidiendo personal, pero esta debe ser la última opción. Hay varios pasos anteriores que podemos tomar. Franco Gandolfi propone el siguiente modelo[15]:

---

[15] Gandolfi, Franco, "HR strategies that can take the sting out of downsizing-related layoffs", Ivey Business Journal, July-August 2008. Web. Septiembre 2014. http://iveybusinessjournal.com/topics/strategy/hr-strategies-that-can-take-the-sting-out-of-downsizing-related-layoffs#.VCSfiEs7bE9

Diagrama 12: Fases de Reducción de Costos de Personal

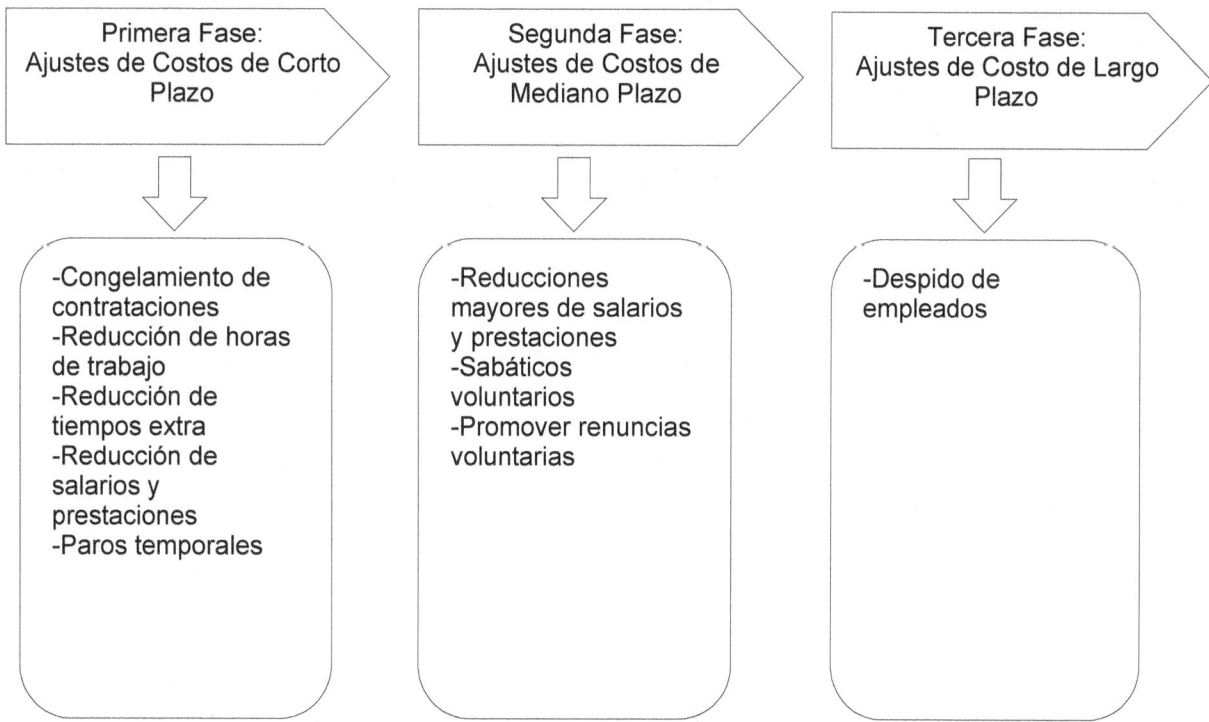

Veamos cada fase.

Primera Fase: Ajustes de Costos de Corto Plazo. Estos son ajustes de corto plazo en respuesta a una reducción temporal en actividades de negocios. El éxito de esta fase depende de que la dirección comunique a los empleados que el objetivo de estas medidas es evitar los despidos.

- Congelamiento de contrataciones: esta acción reduce los costos laborales a corto plazo. Sería incongruente seguir contratando, si hay una iniciativa de reducción de costos de personal, aunque se puede hacer la excepción para puestos particulares. Al congelarse las contrataciones, es posible que le estemos pidiendo al personal actual el hacer más durante su jornada laboral.

- Reducción de horas de trabajo: esto es solo aplicable para los puestos en la que la paga es proporcional a las horas trabajadas.

- Reducción de tiempos extra: al igual que la reducción de horas de trabajo, solo se aplica en ciertos puestos.

- Reducción de salarios y prestaciones: la reducción de salarios reducen gastos inmediatamente, pero debe hacerse con cuidado, y con el consentimiento de los empleados, para minimizar todo lo posible el impacto en la moral. Debemos tomar en cuenta también que esta acción muy probablemente incrementará la rotación de personal, y podríamos perder personas productivas. Alternativamente, la reducción de salario se puede hacer caso por caso, y evitar reducir el salario de las personas más productivas, teniendo en cuenta que esto también puede causar descontento en las personas cuyo salario fue reducido.

- Paros temporales: en esta opción podemos parar temporalmente ciertas operaciones. Estos paros pueden ir acompañados o no con la suspensión temporal de salarios, dependiendo del caso.

Segunda Fase: Ajustes de Costos de Mediano Plazo. Este tipo de ajustes se hacen generalmente en respuesta a reducción en ventas que duran más de 6 meses. Si se hace correctamente, se puede reducir el riesgo de pasar a la siguiente fase.

- Reducciones mayores de salarios: se expande el programa de reducción de salarios a otras funciones y departamentos, y se incluye a gente altamente productiva. Es importante comunicar a los empleados que estas acciones son preferentes a los despidos.

- Sabáticos voluntarios: esta medida consiste en exhortar a los empleados a tomarse un descanso largo sin paga o con paga muy reducida, con la garantía de ser recontratados en el futuro. Uno de los impactos de esta medida es que si el descanso es demasiado largo, el empleado tardará tiempo en recuperar su nivel anterior de productividad al regresar.

- Promover renuncias voluntarias: esta medida consiste en darle un bono al empleado al cambio de que renuncie. La desventaja de esta medida es su costo, y empleados que no queremos que se vayan pueden pedir renunciar a cambio del bono.

Tercera Fase: Ajustes de Costo de Largo Plazo.

Estas medidas son tomadas cuando se espera una reducción de ventas que dure más de 12 meses.

- Despido de empleados: esta medida consiste en simplemente despedir a los empleados, sin ningún plan futuro de recontratarlos.

CAPITULO 3

EL CICLO DE RECURSOS HUMANOS

En el capítulo anterior, vimos los aspectos fundamentales de la interacción del área de recursos humanos, el diseño organizacional, con la estrategia general de la empresa. Ahora veremos el ciclo de recursos humanos, y cómo interactúa con la estrategia.

Diagrama 13: El Ciclo de Recursos Humanos y la Estrategia

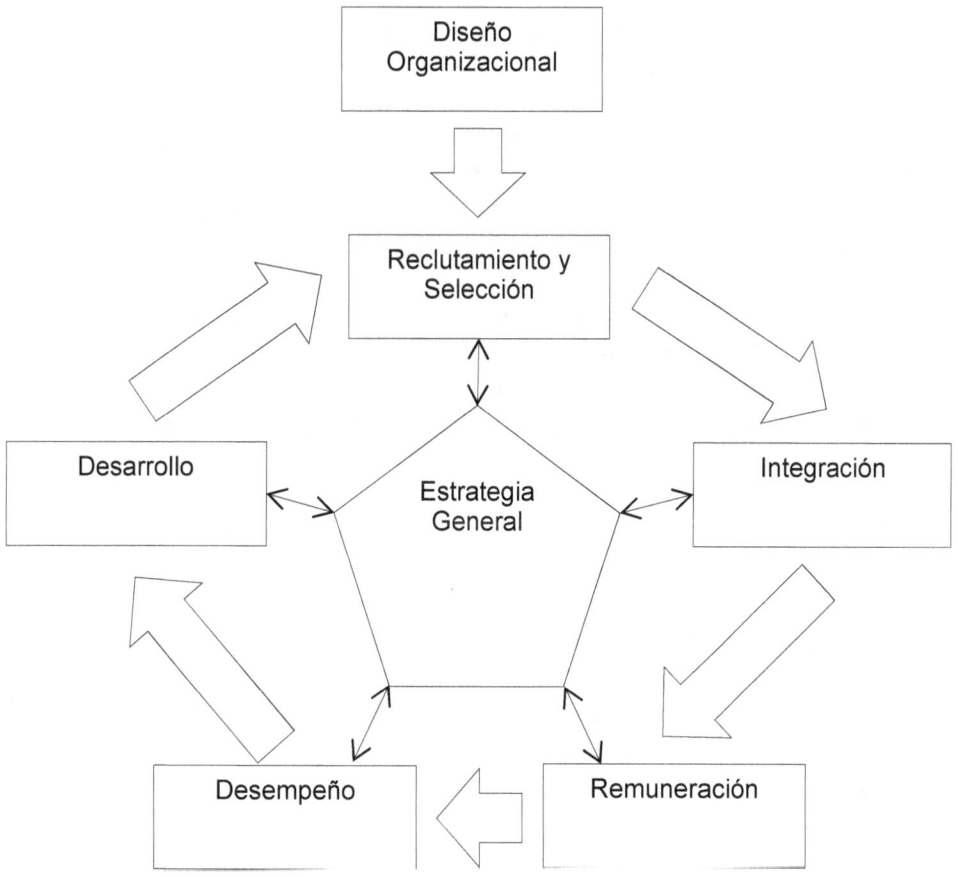

1) Reclutamiento y Selección

El proceso de reclutamiento y selección es probablemente el más conocido del área de recursos humanos, ya que todos pasamos a través del mismo al ser contratados por una empresa. El proceso de reclutamiento consiste en encontrar a los mejores candidatos para un puesto, y el proceso de selección es determinar si los candidatos que atrajimos son los correctos para ser contratados.

Veamos primero el reclutamiento. El proceso de reclutamiento ha cambiado radicalmente en los últimos años. Anteriormente, el proceso consistía en anunciar la plaza en el periódico, y esperar a que los candidatos trajeran su currículum y su solicitud a la empresa. Esta técnica sigue siendo utilizada, pero con la llegada de Internet, el proceso se hizo mucho más proactivo. Antes de ver toda la gama de vehículos de comunicación de reclutamiento que tenemos, veamos el primer paso que debemos tomar.

El primer paso del proceso de reclutamiento es diseñar el mensaje a ser publicado. La fuente fundamental para redactar este mensaje debe ser la descripción de puesto obtenida de la Matriz Puesto-Competencias. A la hora de redactar el mensaje de reclutamiento, debemos tomar en cuenta que estamos "promocionando" a nuestra empresa, para así atraer a los mejores candidatos. No debemos asumir una actitud de "tienen suerte que les ofrecemos empleo", sino una actitud de vendedores: estamos vendiendo las características de nuestra empresa como lugar de trabajo, para atraer al mejor talento. Más adelante hablaremos del marketing laboral, conocido en inglés como "employer branding". Seguiremos usando este anglicismo porque es la forma como es internacionalmente conocida, y expresa mejor el sentido que la frase en español "marca de empleador".

También recordemos que el anuncio no solo es para atraer, sino para filtrar a los candidatos incorrectos.

Estos son los pasos para crear un anuncio de reclutamiento[16]:

1. Título del empleo. Hay que utilizar un título descriptivo. Por ejemplo, el título "Consultor" no dice mucho. Es mejor usar "Consultor en Procesos de Negocios". Un título específico inmediatamente filtrará a muchos candidatos incorrectos.

2. Descripción del trabajo:
   a. Incluir lo que el empleado tiene que lograr día con día, y sobre todo, cómo se medirá el éxito en el puesto. Hay que ser específicos: "Incrementar las ventas 20%".

   b. Se debe describir las actividades en forma interesante, para atraer la atención de los candidatos correctos y motivarlos a actuar. La descripción del trabajo es el primer paso para el marketing laboral: "equipo de trabajo necesita un líder excepcional como tú." "Nuestra empresa ha crecido 50% este año, y necesitamos que nos ayudes a continuar creciendo".

---

[16] *Tufts University, "Tips for a Successful Job Posting". Web. Septiembre 2014. http://careers.tufts.edu/employers/writingtips.pdf*

c. También se puede indicar por que el trabajo es importante: "buscamos a gente que tenga la capacidad de pensar en forma creativa, y revolucionar la industria." El aplicar a un trabajo es una decisión tanto lógica como emocional; hay que vender la marca de la empresa como empleador.

d. Información básica del trabajo: responsabilidades, tareas, habilidades requeridas, años de experiencia, y educación. Esto sale directo de la Matriz Puesto-Competencias.

e. Prestaciones ofrecidas: entre más específico, mejor. Es válido decir "salario competitivo", pero es mejor indicar la cantidad exacta, o si no un rango aproximado de salarios. Si una candidato que lee el anuncio se encuentra trabajando actualmente, es menos probable que envíe su currículum si no sabe cuánto es el salario ya que no lo podrá comparar con su salario actual. Hay que recordar que hay un esfuerzo de tiempo y emocional por parte del candidato para enviar su solicitud.

f. Reforzar la marca de empleador: si el candidato ha leído hasta aquí, está interesado en el puesto. Es hora de incrementar el nivel emocional del mensaje, para llevarlo al paso final de enviar su solicitud. Esto se puede lograr comunicando prestaciones que tal vez no tenga en su trabajo actual: pago de maestría, membresías a clubs, automóvil, seguro privado, etc.

3. Instrucciones de cómo enviar su solicitud: en esta sección hay que indicar en forma clara el procedimiento para enviar su solicitud y currículum. Se debe indicar qué se tiene que enviar (currículum, carta de introducción, llenado de solicitud), y por qué medios se pueden enviar (en persona, por email, en el sitio web de la empresa). También hay que prometer en cuánto tiempo recibirá el candidato una respuesta, ya sea negativa o positiva, y hay que cumplirla. También hay que dirigirlos a nuestro sitio web a la sección de marketing laboral (employer branding), donde podrán ver más información sobre la cultura corporativa, instalaciones, equipo de trabajo, etc.

Una vez creado el anuncio de reclutamiento, éste puede ser canalizado a través de los siguientes medios:

1. Reclutamiento interno: el primer paso antes de comenzar a reclutar externamente, es tratar de reclutar internamente, primero revisando nuestra base de datos de empleados para ver si podemos y si conviene ascender o transferir alguien al puesto. Si vemos que no tenemos un candidato interno, podemos proceder a usar los siguientes pasos.

2. Periódico: este es un método antiguo, pero sigue siendo eficiente para algunos tipos de puestos de menor nivel. A pesar de que un alto porcentaje de la población tiene acceso a Internet, aún hay candidatos que buscan empleo por medio de periódicos. Solo hay que recordar a la hora de publicar el anuncio el no pedirle al candidato el enviar su currículum por email o a través de un sitio web solamente; también debe tener la opción de entregarlo en persona. Si está revisando ofertas de empleo en el periódico, es muy probable que no tenga acceso a Internet, o conocimiento de cómo usarla efectivamente.

3. Sitio web de ofertas de empleo: este es el método más utilizado actualmente, y virtualmente todo reclutador lo utiliza. También es posible activamente buscar currículums en algunos de estos sitios. En este caso, el anuncio de reclutamiento le

puede pedir al candidato ya sea enviar su currículum por email, o llenar una solicitud en línea en el sitio web de la compañía. La ventaja de usar un email es que le simplifica el proceso al candidato; la desventaja para nosotros es que nos llegan decenas (o cientos) de currículums sin una estructura específica, y nos toma más tiempo analizarlos, comparados con los datos estructurados de un formato en línea diseñado por nosotros. En nuestra opinión, es mejor usar email y facilitarle la vida al candidato en lugar de pedirle llenar un formato en línea.

4. Redes Sociales: algunas redes sociales, notablemente LinkedIn, son excepcionalmente efectivas para reclutar. En LinkedIn podemos poner anuncios de empleo, y recibir en forma ordenada las respuestas de candidatos. Ahí mismo podemos revisar los perfiles de los candidatos, viendo no solo su currículum, sino el tipo de contactos que tienen, y a qué grupos pertenecen. Aunque no publiquemos el anuncio en LinkedIn, debemos checar los perfiles de candidatos que nos hayan llegado por otros medios. Igualmente, podemos explorar activamente perfiles de candidatos pasivos, y contactarlos para intentar reclutarlos. Además de LinkedIn, también se puede utilizar redes sociales como Facebook, Twitter, Google+, Xing, Viadeo, y varios otros.

5. Reclutadores: en caso de puestos gerenciales y dirección, o altamente especializados, podeos contratar a reclutadores para que encuentren candidatos para nosotros. Es importante que los reclutadores tengan la habilidad de contactar a candidatos pasivos (aquellos no buscando empleo en forma activa). Si lo único que hacen es publicar anuncios y filtrar candidatos, eso lo podemos hacer nosotros a menor costo.

6. Referencias de empleados: hay que implementar un proceso de comunicación interna para que nuestros empleados sepan qué puestos están disponibles, ya sea para que ellos los soliciten, o para recomendar a alguien, a cambio de un bono. La ventaja de esta técnica es que generalmente los empleados tienden a recomendar a gente de confianza.

7. Ferias de empleo: las ferias de empleo pueden ser una buena opción, porque se puede hacer una entrevista inicial a los candidatos. También es una excelente plataforma de employer branding.

8. Reclutamiento en universidades: este método consiste en ir a universidades y dar pláticas a estudiantes de último año, fundamentalmente para hacer employer branding, y en el proceso identificar a posibles candidatos. También se puede implementar simultáneamente un programa de becarios.

Para atraer el mejor talento disponible para nuestra empresa, no basta con publicar nuestras descripciones de ofertas de trabajo; debemos posicionar nuestra marca como empleador en el mercado laboral, con el conocimiento que estamos compitiendo en contra de miles de otras empresas por la atención del talento humano. A este proceso se le conoce en inglés como Employer Branding. El Employer Branding consiste en incrementar nuestra reputación como empleador en el mercado laboral, y las técnicas utilizadas son esencialmente las mismas técnicas de marketing de productos o servicios, ajustadas a transmitir el mensaje de ser un gran lugar para trabajar. El concepto de Employer Brand fue inicialmente propuesto por Ambler y Barrow en 1996[17].

---

[17]Ambler, Tim; Barrow, Simon; "The Employer Brand", PAN'AGRA Working Paper, August 1996. Web. Septiembre 2014
http://www.london.edu/facultyandresearch/research/docs/96-902.pdf

Los autores definen al Employer Brand como "el paquete de beneficios económicos, funcionales, y psicológicos que provee un empleo, y cómo se identifican estos en la compañía". El Employer Brand también debe tener una personalidad, y su creación y comunicación es prácticamente idéntica al branding de un producto o servicio. De hecho, el branding comercial de la marca se transfiere en gran medida al branding laboral de la empresa. Es muy posible que si el consumidor percibe a la marca de la empresa como joven y dinámica, el candidato tendrá la misma percepción de la empresa como ambiente laboral. De igual forma, si la percepción de la marca es de un producto anticuado y aburrido, es muy posible que los candidatos perciban el ambiente laboral en estos términos. Por esto, un mandato estratégico del director de recursos humanos es coordinar esfuerzos con el departamento de marketing de la empresa, para desarrollar un plan de Employer Branding en conjunto, y asignarle un presupuesto específico. De hecho, hay que hacer lo posible para que el Employer Branding sea incluido como una iniciativa estratégica dentro del Balanced Scorecard. También hay que tomar en cuenta que se pueden tener diferentes Employer Brands, si se tienen diferentes divisiones dentro de la empresa.

Diagrama 14: Ciclo de Employer Branding

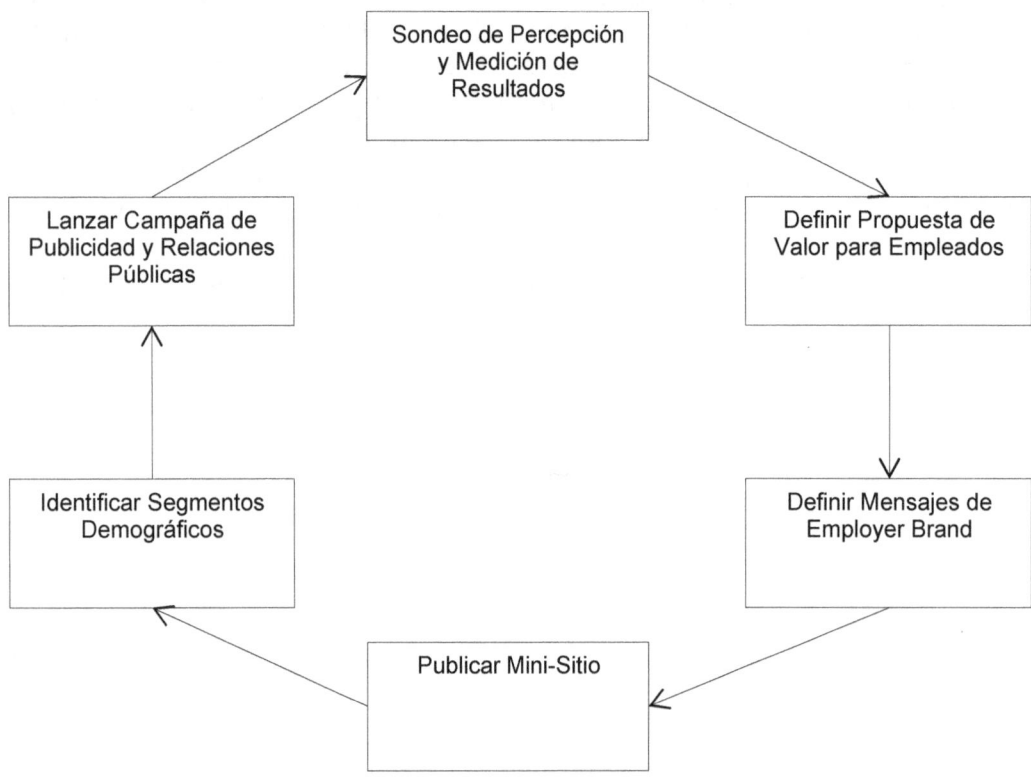

Estos son los pasos para crear un Plan de Employer Brand:

1. Realizar un sondeo inicial de percepción. El objetivo de este sondeo es entender cómo es percibida la Employer Brand actualmente por los grupos demográficos que representan nuestros candidatos potenciales. De igual forma, se debe hacer el sondeo internamente, con los empleados actuales, para entender si hay una brecha de percepción.

2. Definir nuestra Propuesta de Valor para Empleados (PVE). la PVE es el balance de recompensas físicas y emocionales que reciben nuestros empleados a cambio de su esfuerzo en nuestra empresa. El salario y prestaciones económicas es lo básico; toda empresa ofrece eso. La pregunta que debemos hacernos es, ¿qué más ofrecemos a los candidatos para motivarlos a unirse a nosotros, y a los empleados para permanecer con nosotros y sentirse involucrados? Se debe crear una lista lo más extensiva posible. Este ejercicio nos ayudará a darnos cuenta si realmente estamos ofreciendo algo excepcional a los candidatos. En el mercado de bienes y servicios, si un producto es idéntico a otro, nos iremos por el más barato. Así igual, si como empleadores ofrecemos lo mismo que todos los demás, solo podremos atraer talento ofreciendo sueldos más altos que los demás, lo cual es exactamente la estrategia que queremos evitar. Por otro lado, so ofrecemos beneficios intangibles que nos cuestan poco, tal como una gran cultura

corporativa, podremos atraer a excelentes candidatos sin tener que subir nuestros sueldos. Recordemos que el candidato está considerando cómo se verá el nombre de nuestra empresa en su currículum, donde permanecerá para siempre.

3. Definir una serie de mensajes de Employer Brand a ser utilizados, y usarlos en forma consistente a la hora de publicar ofertas de empleo. También comunicar estos mensajes internamente a los empleados actuales, para que se integren a la cultura corporativa lo más posible. Hay que estresar que estos mensajes no son del tipo "busco gerente etc.", sino mensajes transmitiendo las ventajas y características intangibles de nuestra empresa como lugar de trabajo.

4. Publicar un mini-sitio de Employer Brand dentro de nuestro sitio web. Este paso es muy importante. En la era de la Internet, los consumidores tienden a investigar a detalle los productos y servicios por medio de la Internet, antes de proceder a comprarlos. De igual forma, los candidatos investigarán a nuestra compañía antes de tomar la decisión de unirse a nuestro equipo. El mini-sitio de Employer Brand debe contener:

   a. Descripciones detalladas de la cultura corporativa de la empresa

   b. Formato para búsqueda de empleos disponibles

   c. Fotos y videos de las instalaciones, y del equipo de trabajo realizando sus funciones, y socializando. Los videos deben de ser cortos, pero deben tener mensajes específicos, y deben estar hechos por profesionales, así como las fotografías también. No utilizar fotografías compradas de stock; le dan una apariencia de falsedad al sitio

   d. Subir los videos a YouTube

   e. Testimoniales de empleados actuales

   f. Comunidad en línea donde el candidato pueda unirse, e interactuar con otros candidatos y empleados. Crear un grupo en LinkedIn y otras redes sociales profesionales

   g. Entrenar a empleados a desarrollar contactos en LinkedIn, para que sean embajadores de la marca

   h. Mensajes de directores

   i. Descripciones de los diferentes puestos, con fotografías y testimoniales de empleados actuales

   j. Información financiera de la empresa

   k. Preguntas frecuentes

   l. Formato para enviar preguntas y comentarios

   m. El mini-sitio debe estar optimizado para plataforma móvil

5. Identificar los segmentos demográficos a quien queremos hacer llegar nuestro mensaje, y ajustar los mensajes de acuerdo a cada segmento. La Propuesta de Valor para Empleados será la misma para todos, pero debemos de comunicar diferentes aspectos de la misma, dependiendo del mercado laboral que estemos atacando. Por ejemplo, para un gerente de ventas puede ser más importante los aspectos de socialización de la empresa, mientras que para un ingeniero en mecatrónica el equipo de laboratorio disponible podría ser un valor clave para tomar la decisión de unirse.

6. Lanzar una campaña de publicidad de Employer Brand. Esta campaña se realiza exactamente como una campaña de producto, seleccionando los medios de comunicación (tanto tradicionales como en línea), estableciendo un presupuesto, metas, y métricas. La campaña en línea en particular debe tener todos los elementos de inbound marketing, incluyendo una "landing page" dentro del mini-sitio. Nos debemos coordinar con el departamento de marketing para realizar este proceso ya que ellos tienen la experiencia adecuada en estos temas.

7. Campaña de relaciones públicas. El objetivo de esta campaña debe ser posicionar favorablemente la Employer Brand a través de la publicación de artículos y entrevistas en medios.

8. Medición de resultados. Las técnicas de medición de resultados son exactamente las mismas utilizadas para campañas de productos y servicios: reconocimiento de marca, reputación de la marca, actitud hacia la marca, lealtad hacia la marca, confianza generada por la marca, etc.

Otro aspecto a tomar en cuenta es que cuando la empresa se expanda a otras zonas geográficas, debe iniciar una campaña de Employer Branding en esa zona. La compañía puede ser muy conocida en su zona geográfica de origen, pero virtualmente desconocida en otros mercaos, lo cual afectará su capacidad de atraer talento de calidad.

Después de lanzar esta iniciativa de Employer Branding, debemos analizar el impacto en nuestro proceso de reclutamiento, midiendo cuánto se incrementó el número de aplicaciones en bruto, aplicaciones de alta calidad, y contrataciones.

Pasemos ahora el tema te selección de personal.

El proceso de selección consiste en filtrar a los candidatos que recibimos en el proceso de reclutamiento, y seleccionar solo a los mejores para los puestos que tenemos disponibles. El siguiente diagrama muestra el proceso:

Diagrama 15: Proceso de Selección de Personal

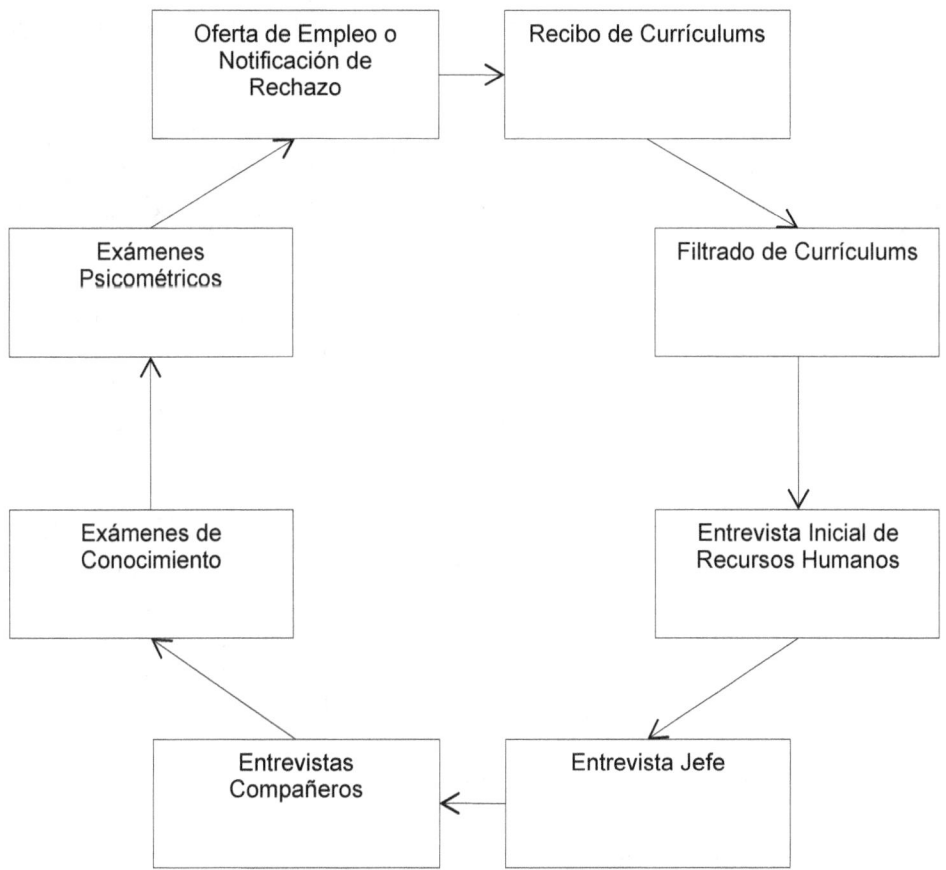

Veamos cada paso:

1. Recibo de currículums. Este paso es el resultado de nuestros esfuerzos de reclutamiento. Hemos recibido decenas (si no es que cientos) de currículums, y el siguiente paso es filtrarlos para seleccionar a un subgrupo para la entrevista telefónica. Debemos de tener un sistema donde podamos recibir y clasificar los currículums en forma ordenada.

2. Filtrado de currículums. Es en este paso donde podemos filtrar por accidente a excelentes candidatos y dejar pasar a malos candidatos. Esto se debe a que es un proceso manual y tedioso, el cual requiere mucha atención al detalle. Muchas veces ocurre que el mejor candidato no creó un currículum muy bueno, y viceversa, el candidato mediocre tiene un excelente currículum. Para reducir el riesgo de desechar buenos candidatos, el método propuesto es que cada currículum sea revisado por dos o más personas, y que cada persona vote si el candidato debe pasar a entrevista o no. Si el voto de "no" es unánime, se desecha. Si no es unánime, se discute en grupo, y se toma una decisión en consenso. Este proceso es más elaborado, pero tomemos en cuenta el esfuerzo y gasto realizado en obtener cada currículum.

3. Entrevista inicial de recursos humanos. El objetivo principal de esta entrevista, generalmente hecha por teléfono, es revisar si lo que es aparente en el currículum

realmente corresponde con la persona. Para hacer esto correctamente, se debe tener un cuestionario estándar para cada puesto, obtenido directamente de las competencias listadas en la Matriz Puesto-Competencias. Idealmente el entrevistador registrará las respuestas en un formato, ya sea en Excel o una aplicación especializada, para que las siguientes personas puedan tener acceso a esta información antes de hacer sus respectivas entrevistas.

4. Entrevista del jefe. El objetivo de esta entrevista es doble. El jefe potencial debe asegurarse que el candidato realmente tiene los conocimientos técnicos para el puesto, pero al mismo tiempo debe determinar si hay química personal con el candidato. Si es posible, esta entrevista debe ser hecha en persona.

5. Entrevista de compañeros. En este paso, el candidato se entrevista con varias personas con las que interactuaría diariamente si es contratado. El objetivo de estas entrevistas ya no es determinar el conocimiento del candidato, sino exclusivamente determinar si es una persona que encajaría en la cultura corporativa de la empresa. También se debe tener un cuestionario estándar, pero totalmente enfocado a este objetivo.

6. Revisión de referencias. El objetivo de este paso es asegurarnos de que lo que nos indica el candidato en su currículum y entrevista en cuestión de experiencia pasada y educación sea verídica. Es importante investigar al candidato en Internet, pero no basta con checar su perfil en LinkedIn, el cual es falsificable. Hay que llamar por teléfono a las empresas y universidades y corroborar en persona. Este es un proceso de control de calidad fundamental. Estas son unas estadísticas obtenidas en Estados Unidos[18]:

   a. 80% de todos los currículums tienen información inexacta

   b. 20% listan títulos académicos que realmente no tienen

   c. 30% modificaron las fechas de empleo

   d. 40% tienen salarios inflados

   e. 30% tienen descripciones de puestos inexactos

   f. 27% dan referencias falsas

7. Exámenes de conocimiento: en este paso se hace un examen de conocimiento. este examen tiene que ser diseñado en base a la Matriz Puesto-Competencias.

8. Exámenes Psicométricos. El objetivo de estos exámenes es entender lo más posible el perfil psicológico y emocional del candidato, para determinar si su capacidad mental es la adecuada para el puesto, y para determinar su tipo de inteligencia emocional y decidir si es adecuado para el puesto y la cultura de la compañía. Es un tema extenso que veremos en la siguiente sección en detalle.

9. Oferta de empleo, o notificación de rechazo. En este paso se le hace una entrega formal de una oferta de empleo al candidato si se le va a contratar, o se le envía una

[18] McGill, Chris; "Over 54% of candidate lie on their resume", 24 May 2010.Web. Septiembre 2014.
http://www.christophermcgill.com/2010/05/24/the-top-nine-cv-lies-to-look-out-for-san-antonio/

notificación de que no continuará con el proceso. De hecho esta notificación debe ser enviada en cualquier paso del proceso si el candidato es rechazado. Sobra decir que se debe tener mucho tacto en el mensaje, para no hacer sentir mal al candidato.

Técnicas de Entrevista

Ya que es un tema tan importante que impacta significativamente el proceso de reclutamiento, hablemos en más detalle sobre las entrevistas a candidatos.

Desgraciadamente es muy común que las empresas no tengan un proceso formal de entrevistas. Muchas veces la entrevista se limita a preguntarle al candidato sobre su experiencia, y el candidato acaba simplemente repitiendo lo que ya tenemos por escrito en el currículum.

Hay evidencia de que el uso de entrevistas sin estructura tiene un bajo porcentaje de predicción sobre el desempeño de un candidato. Pero el uso de entrevistas estructuradas tiene un porcentaje de precisión mucho mayor[19]. Por eso es importante poner especial atención a este paso; de nuevo, recordemos el tiempo y dinero invertido en atraer a los candidatos que estamos entrevistando.

Hay 3 conceptos fundamentales en la teoría detrás de las entrevistas de trabajo[20]:

1. Contenido de entrevista relevante al trabajo

2. Desempeño del entrevistado

3. Prejuicios del entrevistador

Con respecto al contenido de la entrevista relevante al trabajo, por definición el objetivo de las preguntas es entender si el candidato tiene los conocimientos correctos. Las preguntas se pueden dividir en tres categorías: características generales, factores de experiencia, y elementos centrales del trabajo.

Las características generales son:

- Capacidad mental: la capacidad del candidato para aprender y procesar información.

- Personalidad: qué tan agradable es el candidato, su estabilidad emocional, nivel de introversión o extroversión, apertura a nuevas experiencias.

- Intereses, objetivos, y valores: los motivos y metas del candidato, y qué tan organizado está como persona.

Los factores de experiencia son:

- Experiencia: conocimiento relevante al trabajo en base a su experiencia en otros empleos.

---

[19] McDaniel, Michael A. (1994). "The Validity of Employment Interviews: A Comprehensive Review and Meta-Analysis". Journal of Applied Psychology (American Psychological Association, Inc.)

[20] Huffcutt, A. I. (2011). An empirical review of the employment interview construct literature. International Journal of Selection and Assessment, 19(1), 62–81.

- Educación: conocimiento relevante al trabajo en base a su educación formal.

- Entrenamiento: conocimiento relevante al trabajo en base a entrenamiento anterior.

Los elementos centrales del trabajo son:

- Conocimiento declarativo: el conocimiento aprendido del candidato.

- Habilidades de proceso: las habilidades del candidato para cumplir las tareas requeridas en el trabajo.

- Motivación: la voluntad de esfuerzo expresada por el candidato para realizar el trabajo.

Hablemos ahora del desempeño del entrevistado. El contenido objetivo que obtenemos durante la entrevista ciertamente se ve modificado por nuestra percepción del comportamiento del candidato durante la misma. Hay tres tipos de comportamientos a observar:

1. Habilidades sociales efectivas:

    a. Administración de impresiones: el intento por parte del candidato de lograr una buena impresión.

    b. Habilidades sociales: la capacidad del candidato para adaptar su comportamiento de acuerdo a las demandas de la situación para influenciar positivamente al entrevistador.

    c. Auto-monitoreo: la regulación de comportamiento por parte del candidato para lograr controlar la imagen presentada al entrevistador.

    d. Control de relación: el intento del candidato a controlar el flujo de la conversación.

2. Presentación interpersonal:

    a. Expresión verbal: tono, velocidad, y pausas al hablar.

    b. Comportamiento no verbal: mirada, sonrisa, movimiento de manos, orientación del cuerpo.

3. Factores personales y contextuales:

    a. Entrenamiento previo en cómo conducirse en entrevistas.

    b. Experiencia en entrevistas: cuántas entrevistas ha tenido antes.

    c. Percepción de eficacia: qué tan efectivo cree el candidato ser en el proceso de entrevistas.

d. Motivación durante la entrevista: qué tan motivado está el candidato a tener éxito durante la entrevista.

Nuestros prejuicios como entrevistador también son un factor fundamental en el proceso de entrevista. Esta es una lista de factores irrelevantes al desempeño que pueden influenciar nuestra percepción de un candidato:

- Atractivo físico, por obvias razones.

- Raza: entre más similitud haya entre la raza del entrevistador y el entrevistado, habrá más probabilidad de una percepción positiva.

- Género: las mujeres tienden a recibir calificaciones más altas después de una entrevista, aunque la similitud de género no parece influenciar.

- Cultura: al igual que raza, entre mayor similitud cultural, mejor percepción del candidato.

Como podemos ver, el proceso de entrevistas es mucho más complejo de lo que parece. El simplemente hacer preguntas como "¿qué experiencia relevante tienes?", o la clásica "¿cuáles son tus fortalezas y debilidades?" no es suficiente. Debemos llevar el proceso de entrevistas al siguiente nivel para que realmente puedan aportar su función estratégica de obtener el mejor capital humano para nuestra empresa.

Para poder desarrollar una buena práctica de entrevistas de trabajo, usaremos como base el documento "Structured Interviews: A Practical Guide", publicado por United States Office of Personnel Management[21].

Hay una diferencia clara entre entrevistas estructuradas y desestructuradas. Sus características son:

Entrevistas desestructuradas:

- A los candidatos se le hacen preguntas diferentes.

- No se utiliza una calificación estándar.

- Los entrevistadores no tienen que estar de acuerdo sobre cuáles son las respuestas aceptables.

Entrevistas estructuradas:

- A todos los candidatos se les hacen las mismas preguntas y en el mismo orden.

- A todos los candidatos se les evalúa usando una escala estándar.

- Hay un acuerdo sobre cuáles son las respuestas correctas.

---

[21] United States Office of Personnel Management, "Structured Interviews, a Practical Guide", September 2008. Web. Septiembre 2014. https://www.opm.gov/policy-data-oversight/assessment-and-selection/structured-interviews/guide.pdf

Veamos ahora el procedimiento para diseñar entrevistas estructuradas:

1. Analizar el puesto. Este paso ya lo completamos, al hacer la Matriz Puesto-Competencias.

2. Determinar qué competencias serán evaluadas durante la entrevista. La Matriz Puesto-Competencias lista toda una serie de competencias, y no necesariamente tenemos que evaluarlas todas durante la entrevista, sobre todo las de menor nivel. Hay que seleccionar aquellas que nos aporten información relevante sobre el candidato, y no enfocarnos en cosas demasiado genéricas.

3. Seleccionar el formato de la entrevista y desarrollar las preguntas. El formato de la entrevista se puede enfocar en el comportamiento pasado del candidato, su comportamiento hipotético en ciertas situaciones, o una combinación de ambos. Una entrevista basada en comportamientos pasados se le conoce como una entrevista de comportamiento. Una entrevista sobre comportamiento hipotético es llamada entrevista situacional. Las preguntas deben tener las siguientes características:

- Deben hacer referencia a las competencias relevantes del trabajo, de acuerdo a la Matriz Puesto-Competencias.

- Deben ser realistas con respecto a las responsabilidades del trabajo

- Deben ser preguntas abiertas

- Claras y concisas

- A un nivel de redacción apropiado para el tipo de candidato

- Libre de tecnicismos

El objetivo de la entrevista de comportamiento es obtener información de los candidatos sobre su comportamiento durante experiencias pasadas que demuestre que tiene las competencias requeridas por la descripción de puesto. La premisa es que el comportamiento pasado es la mejor forma de predecir el comportamiento futuro en el nuevo empleo. Veamos un ejemplo. Pensemos en un puesto que requiere una competencia de habilidades interpersonales que requiera ser amistoso, comprensivo, cortés, con tacto, y que tenga que entrar en contacto con clientes que puedan ser agresivos o bajo estrés. Para poder determinar si el candidato cumple con esta competencia, le podemos preguntar lo siguiente:

"Describe una situación el que tuviste que lidiar con personas con mala actitud, agresivos, o estresados. ¿Cuál fue la situación exactamente? ¿Qué acciones tomaste, y cuál fue el resultado?"

La pregunta tiene la siguiente estructura. Primero describimos la situación, y quién está involucrado. Luego le pedimos que nos de un ejemplo específico de su pasado. Y finalmente le preguntamos cuáles fueron sus acciones, y cuál fue el resultado. El objetivo es entender la relación entre sus acciones y el resultado obtenido bajo circunstancias donde se aplica la competencia.

Las preguntas deben ser preparadas en equipo, involucrando a supervisores y trabajadores del área que tengan el mismo puesto para el cual se está contratando, y que tengan que interactuar con ese puesto.

Por otro lado, las preguntas de la entrevista situacional están basadas en el posible comportamiento futuro. Estas preguntas le plantean al candidato escenarios y dilemas realistas que puedan ocurrir en el puesto. Luego se le procede a preguntarle qué haría en esa situación, y qué resultado esperaría lograr en base a sus acciones.

Para elaborar estas preguntas, los supervisores y trabajadores del área deben plantear escenarios en la que ellos se han visto involucrados o que potencialmente podrían ocurrir en el área, y luego deben definir qué competencias del puesto son relevantes para cada situación.

4. Desarrollar escalas de evaluación. El uso de escalas estándar es un aspecto fundamental de las entrevistas estructuradas.

El primer paso para implementar una escala para las entrevistas de comportamiento es definir un rango de capacidad para cada competencia. Se pueden utilizar los siguientes niveles:

- Nivel 1 – Consiente de su existencia:

    o Está consciente del concepto básico

    o Aplica la competencia en la situaciones más simples

    o Requiere ser orientado continuamente

- Nivel 2 – Básico:

    o Aplica la competencia en situaciones normales

    o Requiere ser guiado muy seguido

- Nivel 3 – Intermedio:

    o Aplica la competencia en situaciones complejas

    o Solo requiere ser guiado de vez en cuando

- Nivel 4 – Avanzado:

    o Aplica la competencia en situaciones considerablemente complejas

    o Casi no requiere ser guiado

- Nivel 5-Experto:

    o Aplica la competencia en situaciones excepcionalmente difíciles

    o Es un recurso clave y aconseja a otros

Podemos ver que la escala misma nos puede guiar sobre qué tipo de preguntas podemos diseñar. Para cada competencia, debemos hacer todas las preguntas necesarias para poder determinar en qué nivel se encuentra el candidato. Hay 6 errores que podemos cometer a la hora de asignar una calificación:

a) Sesgo personal: esto ocurre cuando permitimos que nuestros prejuicios afecten la calificación. Es importante estar conscientes de que no debemos tomar en cuenta ningún factor que no esté relacionado con las competencias y el posible desempeño del candidato.

b) Efecto halo: es cuando permitimos que las calificaciones que hemos dado en un tipo de competencia afecte nuestra percepción sobre otras competencias. Por ejemplo, podemos quedar impresionados por la capacidad de resolver problemas del candidato, y permitir que esto afecte nuestra calificación en competencias de comunicación, a pesar de que el candidato no es tan bueno en esta competencia.

c) Tendencia central: es la tendencia a calificar todas las competencias en el punto medio, nivel 3, por ejemplo. Esto ocurre cuando hay duda sobre el entendimiento de la competencia y el significado de las calificaciones. Hay que tomar en cuenta que darle al candidato la máxima calificación no quiere decir que sea perfecto, y darle la mínima calificación no quiere decir que no tenga ni idea sobre la competencia.

d) Indulgencia: es la tendencia de dar calificaciones demasiado altas independientemente del desempeño del candidato durante la entrevista.

e) Severidad: lo contrario a indulgencia; es la tendencia de dar calificaciones demasiado bajas independientemente del desempeño del candidato durante la entrevista.

f) Igual a mí: es la tendencia a dar calificaciones demasiado altas a candidatos que se parecen a uno en ciertos aspectos.

Es importante enfocarse en las respuestas solamente a la hora de dar la calificación, y evitar ser influenciado por factores externos, o aspectos de nuestra personalidad.

5. Desarrollar preguntas de sondeo. Las preguntas de sondeo se utilizan para extraer información del candidato más allá de su respuesta inicial. Se debe tener un catálogo preestablecido de preguntas de sondeo y utilizarlas en forma consistente, para obtener resultados similares de cada candidato. Regresando al ejemplo de la pregunta anterior,

"Describe una situación el que tuviste que lidiar con personas con mala actitud, agresivos, o estresados. ¿Cuál fue la situación exactamente? ¿Qué acciones tomaste, y cuál fue el resultado?"

Algunas de las preguntas de sondeo podrían ser:

- ¿Qué factores causaron esta situación?

- ¿Crees que alguien pudo haber hecho algo para prevenir la situación?

- ¿Cómo respondiste?

- ¿Cuál fue el factor determinante que te motivó a actuar?

- ¿Crees que debiste haber hecho o dicho algo diferente?

- ¿Qué beneficios se lograron con tu acción?

6. Hacer una prueba piloto de las preguntas, evaluar los resultados. y ajustar. Hay que probar las preguntas primero en entrevistas simuladas con empleados de la empresa que tengan el mismo puesto o por lo menos un puesto similar. Durante la prueba emergerá cualquier problema con las preguntas que requieran ajustes.

7. Crear la Guía del Entrevistador. Esta guía debe proveer instrucciones generales sobre el proceso de entrevistas, lista de errores a evitar, y tips sobre cómo entrevistar efectivamente.

Idealmente, el candidato debe ser entrevistado, con exactamente las mismas preguntas, por dos personas de recursos humanos, en diferentes días. De esta forma se pueden comparar desviaciones en calificaciones, y llegar a un consenso discutido.

Un aspecto fundamental del proceso de entrevistas es tomar notas detalladas. El nivel del candidato para cada competencia preferentemente debe ser capturado ya sea en un sistema, o en una hoja de Excel. En las notas se debe apuntar lo siguiente:

- Sumario de cada respuesta

- Documentar la forma de hablar del candidato, su postura corporal, y sus mensajes no verbales

- Especificar temas de enfoque para los siguientes entrevistadores

- Tiene que haber suficiente información en las notas como para justificar el nivel de calificación de cada competencia

El entrevistador debe estar consciente de su comportamiento verbal y no verbal: tono de voz, postura, expresiones, mirada, etc. Esta comunicación puede afectar los resultados de la entrevista si alteran emocionalmente al candidato. Esta es una lista de los errores más comunes durante las entrevistas:

1. Depender de primeras impresiones: Es parte de la naturaleza humana el formar opiniones en cuanto conocemos a alguien. Hay que evitar este impulso.

2. Énfasis negativo: la información negativa tiende a ser más fácil de recordar que la información positiva. Hay que hacer el esfuerzo por tomar en cuenta ambas por igual.

3. No conocer el trabajo: si el entrevistador no tiene un entendimiento claro de cuáles son las competencias correctas y el nivel de capacidad requerida para cada una, formará su propia opinión al respecto, generalmente errónea. Por eso es fundamental que el cuestionario esté basado en la Matriz Puesto-Competencias, y esté plenamente documentado.

4. Presión para contratar: cuando el entrevistador están bajo presión de tomar una decisión rápidamente, lo harán usando muy poca información, o entrevistando menos candidatos. Por eso es importante seguir un procedimiento establecido.

5. Efectos de contraste: el orden con el que se entrevista a candidatos puede afectar la calificación de los mismos. El entrevistador debe de hacer el esfuerzo de no comparar candidatos durante el proceso de entrevistas, solo durante el proceso de evaluación posterior.

6. Comportamiento no verbal: el entrevistador debe basar su evaluación en base al desempeño pasado del candidato y los posibles comportamientos futuros basados en las preguntas situacionales, y no en la forma como se comporta el candidato durante la entrevista. Recordemos que el proceso de entrevista pone al candidato bajo estrés; algunas personas responden inhibiéndose, mientras que otras exageran su entusiasmo.

Exámenes Psicométricos y de Conocimiento

El objetivo de un examen psicométrico es medir las fortalezas, debilidades, y características psicológicas y emocionales del candidato, para determinar si estas características son compatibles con el puesto, y con la cultura corporativa de la empresa.

A pesar de ser una herramienta extremadamente útil, no es tan utilizada por las empresas. De acuerdo a un estudio, 82% de las empresas no utiliza exámenes psicométricos[22].

Hay varias formas de clasificar los exámenes psicométricos, y dentro de cada categoría, hay muchas opciones disponibles. Una forma general de clasificarlos es en base a las siguientes categorías:

1. Exámenes de personalidad: estos exámenes miden el perfil de comportamiento del candidato, así como sus motivaciones, valores, preferencias y opiniones.

2. Exámenes de conocimiento: el objetivo de estos exámenes es descubrir si el candidato tiene los conocimientos técnicos adecuados para el puesto. Incluye pruebas de lenguaje.

3. Exámenes de razonamiento verbal: en estos exámenes se mide la capacidad de razonamiento del candidato en cuestiones verbales. El objetivo de este tipo de examen es determinar si el candidato tiene la capacidad de entender situaciones de negocio complejas y llegar a conclusiones lógicas, así como su capacidad de comunicarse por escrito en forma clara y concisa.

4. Exámenes de razonamiento numérico: en estos exámenes se pone a prueba la capacidad del candidato para razonar con datos numéricos, tal como información estadística y financiera.

5. Exámenes de razonamiento abstracto: miden la inteligencia pura del candidato, registrando su capacidad para pensar creativamente, identificar patrones, reglas lógicas y tendencias, y aplicar la información para resolver problemas. Estos exámenes determinan la capacidad de pensamiento abstracto, capacidad de rápido aprendizaje, y capacidad de resolución de problemas nuevos.

6. Exámenes de razonamiento mecánico: estos tipos de examen, generalmente aplicados a candidatos de puestos técnicos y de ingeniería, mide la capacidad del candidato para razonar y resolver problemas de índole mecánica.

7. Exámenes de juicio situacional: estos exámenes hacen preguntas sobre situaciones hipotéticas que se podrían encontrar en el trabajo. Estos exámenes son específicos para cada puesto.

Algunas de las pruebas más comunes son las siguientes:

---

[22] *Society for Human Resource Management, "Personality tests for the hiring and promotion of employees SHRM poll", December 19th, 2011. Web. Septiembre 2014.*
http://www.shrm.org/research/surveyfindings/articles/pages/shrmpollpersonalitytestsforthehiringandpromotionofemployees.aspx

1. Terman: su objetivo es medir el coeficiente intelectual.

2. Kostick: este examen determina la autopercepción y preferencias personales, y pronostica el comportamiento que tendría el individuo en su vida laboral y su posible estilo administrativo. Algunas de la variables que mide son:

   a. Grado de energía

   b. Liderazgo

   c. Modo de vida

   d. Naturaleza social

   e. Adaptación al trabajo

   f. Naturaleza emocional

   g. Subordinación

3. IPV: el Inventario de Personalidad para Vendedores mide las características de personalidad ideales de un vendedor. Mide 10 rasgos primarios:

   a. Comprensión

   b. Adaptabilidad

   c. Control de sí mismo

   d. Tolerancia a la frustración

   e. Combatividad

   f. Dominancia

   g. Seguridad

   h. Receptividad

   i. Agresividad

   j. Disposición general para la venta

4. Cleaver: proporciona una descripción de la personalidad del individuo, y descubre sus aptitudes para realizar diferentes labores, y su capacidad para relacionarse con otras personas y responder a situaciones bajo presión.

5. Lifo: esta prueba identifica cuatro tipos de personalidad, los cuales indican fortalezas y debilidades en circunstancias normales y bajo estrés. Igualmente, identifica brechas en habilidades, fuentes potenciales de estrés, y estrategias inefectivas.

6. Barsit: este examen mide la inteligencia general y aptitud para aprender, y está enfocado a puestos operativos. Obtiene información en 5 áreas:

   a. Conocimientos generales

   b. Comprensión de vocabulario

   c. Razonamiento verbal

   d. Razonamiento lógico

   e. Razonamiento numérico

7. Dominos: es una prueba de inteligencia no verbal cuyo objetivo es medir la inteligencia en función de sus facultades lógicas. Esta prueba consiste en presentar una secuencia de fichas de dominó, en donde hay que deducir cuál es la ficha que sigue en la secuencia, en base a los números superiores e inferiores.

Esta es solo una pequeña muestra de los exámenes psicométricos disponibles.

Para utilizar los exámenes en forma exitosa, se recomienda realizar los exámenes primero a los trabajadores de la empresa, registrando los resultados por puesto. De esta forma, a la hora de hacer los exámenes a los candidatos, tendremos una base para comparar y ver si el candidato está al nivel de nuestros empleados actuales. Una vez que tengamos suficiente información base, podemos establecer criterios estándar de calificaciones para cada examen y cada puesto.

Otra cosa fundamental que debemos entender del candidato es a qué tipo de cultura corporativa está acostumbrado. Hay 4 grandes tipos de culturas corporativas, lo cual veremos más adelante. Es importante recordar formular preguntas que nos indiquen si el candidato viene de una cultura corporativa compatible con la nuestra, de lo contrario se incrementa el riesgo de que no se pueda adaptar a nuestra empresa.

Métricas de Reclutamiento y Selección

El proceso de reclutamiento y selección que hemos descrito tiene un total de 8 pasos. Cada paso consume dos tipos de recursos: dinero en efectivo, y horas-hombre, y genera un resultado: que porcentaje de candidatos pasan al siguiente nivel. Además podemos medir el costo y resultado de cada medio donde hayamos publicado las ofertas de empleo para en el futuro solo invertir nuestro presupuesto en los medios donde obtenemos los mejores resultados.

Entonces, nuestro objetivo es registrar todas estas variables, para entender nuestro nivel de desempeño, y encontrar posibles mejoras en el proceso. Debemos de registrar métricas por puesto por mes, y poder hacer gráficas y análisis con los datos.

Diagrama 16: Matriz de Registro de Resultados del Proceso de Reclutamiento y Selección

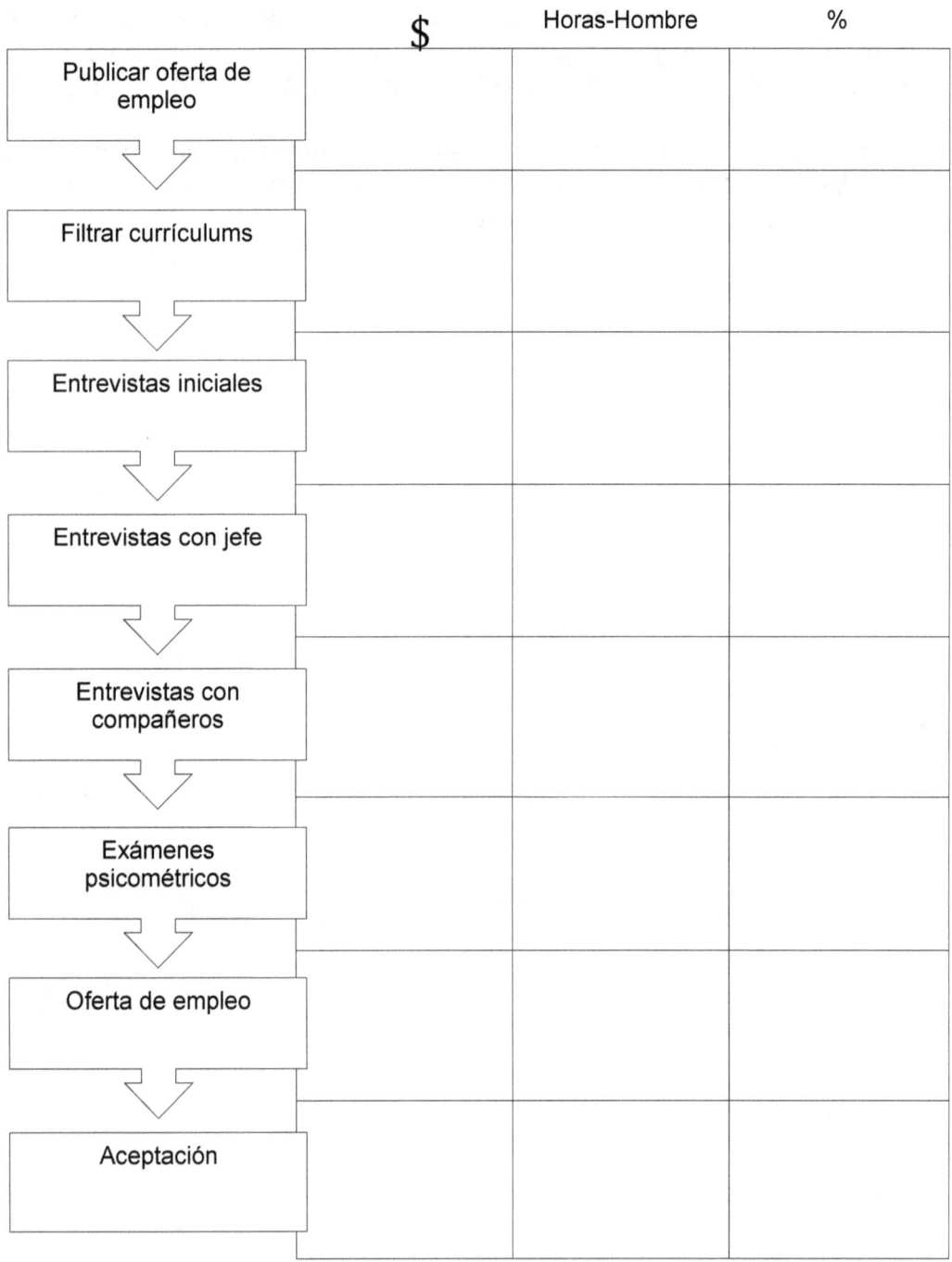

	$	Horas-Hombre	%
Publicar oferta de empleo			
Filtrar currículums			
Entrevistas iniciales			
Entrevistas con jefe			
Entrevistas con compañeros			
Exámenes psicométricos			
Oferta de empleo			
Aceptación			

Proceso de Despido de Personal

La compañía debe tener un proceso formal y documentado de cómo despedir personal. Además, cada país tiene diferentes leyes que hay que acatar durante el proceso. Todo despido trae consigo el riesgo de una demanda laboral, por lo cual deben de ser manejados con mucho cuidado.

Hay tres razones fundamentales por la cual se despide a un trabajador:

1. Bajo desempeño

2. Algún problema o incidente de disciplina o falta ética

3. Factores intrínsecos a la empresa, como una reestructuración o cierre de una operación

Es importante transmitir en el Manual de Empleado los factores que pueden causar un despido del tipo 2, ya que estos pueden variar mucho de empresa a empresa.

Por otro lado, los despidos por bajo desempeño nunca deben ser repentinos. Tiene que haber un proceso en el que se le va advirtiendo al empleado de su bajo desempeño para que éste tenga la oportunidad de corregirlo. De igual forma, todo despido causa una desmoralización en el equipo de trabajo, el cual puede impactar productividad. Por eso el despido debe ser la última opción.

Antes de tomar la decisión de despedir al empleado, hay que darle la oportunidad de mejorar su desempeño. Para esto se prepara un Plan de Mejora de Desempeño. Este plan solo debe ser activado cuando un empleado no logre cumplir las metas establecidas, y debe haber un estándar para activar el proceso. Por ejemplo, el plan no se activa al menos de que el empleado no logre cumplir sus metas durante tres meses consecutivos. La implementación del plan debe ser hecho por el supervisor inmediato del empleado, guiado por el área de recursos humanos. Para implementar el plan se proponen los siguientes pasos[23]:

1. Documentar los problemas de desempeño. Si estamos trabajando con un Balanced Scorecard, todos tendrán claramente delineadas sus métricas. Si alguien no las puede cumplir en forma consistente, lo primero que debemos hacer es determinar si es un problema con el empleado, o si es un problema sistémico. Si en efecto es un problema causado por el sistema, o sea los procesos, debemos enfocarnos en arreglar el proceso, o en su caso modificar las métricas del empleado. Por otro lado, si determinamos que el proceso funciona correctamente, pero el empleado no se está desempeñando correctamente, pasamos al siguiente paso.

2. Desarrollar un plan de acción. El supervisor inmediato del empleado debe preparar un plan de acción para mejorar el desempeño. El plan de acción debe incluir metas específicas a lograr por unidad de tiempo. El plan también debe indicar si el empleado requiere más recursos o entrenamiento para lograr las metas. Es importante que el plan indique cuáles son las consecuencias de no cumplir las metas.. Se puede establecer una

---

[23] Society for Human Resource Management, "How to establish a performance improvement plan", July 9th, 2013. Web. Septiembre 2014. http://www.shrm.org/templatestools/howtoguides/pages/performanceimprovementplan.aspx

escala de advertencia, en la que en el primer nivel se da una advertencia verbal; en el segundo nivel se da una advertencia por escrito, y en el tercer nivel se despide.

3. Revisar el plan de desempeño. El supervisor debe revisar el plan de desempeño con su jefe y con el área de recursos humanos antes de reunirse con el empleado, para que éstos le den el visto bueno. El plan debe tener un rango de tiempo de 60 a 90 días.

4. Reunirse con el empleado. Durante esta reunión, el supervisor debe transmitir claramente y en forma calmada las áreas de mejora y el plan de acción. Se debe evitar en todo momento convertirlo en un encuentro emocional.

5. Seguimiento al plan. El supervisor deben agendar juntas semanales para darle seguimiento al plan. Durante la junta el supervisor debe documentar el progreso logrado. De igual forma, el supervisor debe dar el coaching necesario para que el empleado progrese. El objetivo es ayudar al empleado, no regañarlo.

6. Conclusión del plan. Una vez que termina el tiempo preestablecido, se revisan los resultados finales. Si el empleado no mejoró en nada, entonces no queda otra más que proceder con su despido. Por otro lado, si hubo mejora, pero no al 100% de los objetivos establecidos, hay tres opciones:

    a. Si el empleado está haciendo su mejor esfuerzo pero no ha logrado sus metas en el tiempo establecido, se puede decidir extender el plan cierto tiempo más.

    b. Si el supervisor determina en base a nueva información obtenida que las metas eran demasiado difíciles de cumplir para cualquiera, o que el problema en realidad sí era sistémico y fuera del control del empleado, éste puede determinar sacar al empleado del plan y no despedirlo, o extender el tiempo del plan bajo nuevas métricas.

    c. Si el supervisor determina que el empleado simplemente no es el adecuado para el puesto, entonces se le puede despedir.

Estos son algunos de los errores más comunes a la hora de despedir a un empleado[24]:

1. Tardar demasiado tiempo en despedirlo. Este es el peor error, porque todo el equipo se da cuenta que la persona no está haciendo su trabajo, y ven que no se hace nada al respecto. Esto causa desmoralización en el equipo, y hasta puede motivar a otros a reducir su esfuerzo.

2. No documentar las advertencias. Se deben entregar advertencias por escrito al empleado, y éste debe firmarlas. De igual forma, debe firmar el plan de mejora de desempeño.

3. Despedir a alguien sin razón. Esto nunca debe ocurrir en una compañía seria.

---

[24] AllBusiness, "Top 10 employee firing mistakes", Web. Septiembre 2014. http://www.allbusiness.com/10-employee-firing-mistakes/16569011-7.html

4. No tener todo preparado antes de comunicarle al empleado el despido. El área de finanzas debe tener listo el finiquito, y si se requiere, el área de TI debe estar lista a desactivar accesos a la red y recuperar equipos. Lo mismo se aplica a otras áreas operativas que requieran restringir accesos o recuperar equipos y herramientas.

5. Tardar demasiado. Si ya se tomó la decisión, hay que ejecutarla lo antes posible. De otra forma el empleado puede enterarse por rumores.

6. No tener un plan de seguimiento. Al irse el empleado, debemos tener listo un plan de contingencia de cómo cubrir su trabajo mientras se contrata a alguien más. Para ciertos puestos gerenciales y de dirección, lo ideal es ser proactivo y comenzar el proceso de reclutamiento desde que vemos que el plan de mejora de desempeño no tiene altas posibilidades de éxito.

El objetivo es despedir al empleado en la forma más digna posible, tomando en cuenta sus sentimientos en todo momento. No solo porque es lo correcto, sino por interés propio. Recordemos que tenemos una reputación de Employer Brand la cual mantener, y un empleado enojado puede decir todo tipo de cosas sobre la compañía en línea. De hecho hay sitios web especializados para esto, tal como Glassdoor.com.

Cubriremos el tema de las salidas voluntarias de empleados en la sección sobre cómo implementar un plan de retención de personal.

2) Integración

El objetivo de los procesos de integración es convertir al empleado en un "ciudadano" de la empresa. El objetivo es inculcar al empleado nuestra cultura y valores, y verdaderamente hacerlo sentir parte de la sociedad de la compañía. Es el moldear su forma de ver a la empresa para que se convierta en un miembro no solo productivo, sino feliz de pertenecer.

La Cultura Corporativa

La cultura corporativa es el conjunto de comportamientos que tienen los empleados dentro de una organización, y el significado mismo que los empleados le dan a estos comportamientos. La cultura corporativa incluye temas como la visión de la empresa, valores, normas, sistemas, símbolos, lenguaje, creencias, y hábitos. También consiste en los patrones de pensamiento y sentimiento que se le inculcan a los nuevos miembros. La cultura corporativa afecta la forma como los empleados se comportan entre sí, y con el mundo externo de clientes y proveedores.

Deal y Kennedy[25] propusieron un marco teórico para entender a las culturas corporativas, y es el que usaremos nosotros.

Ellos definen a la cultura corporativa como "la forma como se hacen las cosas por aquí". Presentan un modelo hecho de 4 tipos de culturas, en base a dos factores: qué tan rápido recibe retroalimentación los miembros de la organización, y los niveles de riesgo asumidos.

---

[25] Deal T. E. and Kennedy, A. A.)" Corporate Cultures: The Rites and Rituals of Corporate Life, Harmondsworth", Penguin Books, 1982; reissue Perseus Books, 2000

Diagrama 17: Tipos de Culturas Corporativas

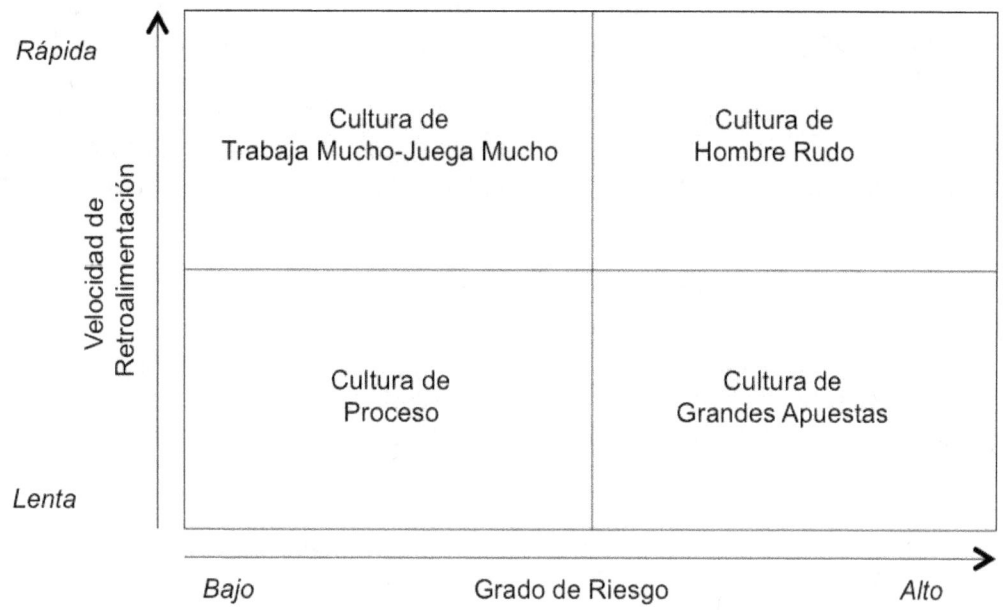

El grado de riesgo hace referencia al nivel de riesgo asociado a las actividades de la empresa. No se refiere a riesgo físico, sino el riesgo al bienestar económico de la empresa que pueden traer las decisiones tomadas.

La velocidad de retroalimentación se refiere a qué tan rápido se dan cuenta los empleados de que sus decisiones fueron correctas o incorrectas, y qué tan rápido se les premia o castiga. Cuando la velocidad de retroalimentación es rápida, rápidamente corregirá el comportamiento indeseado y creará una cultura homogénea, ya sea porque los empleados se adaptan, o se van. Por otro lado cuando la retroalimentación es lenta, se permiten más errores. Algunos de estos errores pueden ser dañinos para la empresa, pero al mismo tiempo le permite a la gente experimentar y tener una visión más hacia el futuro; en otras palabras, se permiten los errores constructivos como parte del proceso de adaptarse y aprender a hacer las cosas mejores.

El grado de riesgo es el nivel de riesgo que representa para la empresa las decisiones tomadas por los empleados, y qué tanto riesgo se les permite tomar. De igual forma, indica el nivel de incertidumbre presente en el trabajo.

Veamos cada tipo de cultura:

1. Cultura de Trabaja Duro-Juega Mucho: Esta cultura tiene una velocidad de retroalimentación rápida, y un grado de riesgo bajo. Esto quiere decir que al empleado se le comunica rápidamente cuando está haciendo lo correcto o lo incorrecto, pero al mismo tiempo hay alta tolerancia a los errores cometidos. La consecuencia de esto es que el estrés es generado por la cantidad de trabajo, y no por el nivel de incertidumbre sobre las decisiones tomadas. Un ejemplo típico de esto son las compañías de software y alta tecnología.

2. Cultura de Hombre Rudo: esta cultura tiene una velocidad de retroalimentación rápida, y un grado de riesgo rápido. Esto implica que el empleado se entera rápidamente de sus aciertos o errores y el premio o castigo se administra inmediatamente. Al mismo tiempo, las consecuencias de los errores son graves para la empresa y por lo tanto para el empleado. Ejemplos de este tipo de compañía son un hospital, o un departamento de policía, o un equipo deportivo.

3. Cultura de Proceso: en esta cultura la velocidad de retroalimentación es lenta, y el grado de riesgo es bajo. Esto implica que la empresa tiene una alta tolerancia a los errores, ya sea porque la naturaleza misma del negocio no los fomenta, o porque tiene procesos tan sólidos que es prácticamente imposible cometerlos. Son trabajos rutinarios de bajo estrés. El estrés puede provenir por frustración con procesos burocráticos o política interna. Un ejemplo de este tipo de compañía es una cadena de supermercados.

4. Cultura de Grandes Apuestas: en esta cultura, se tiene una velocidad de retroalimentación lenta, y un grado de riesgo alto. Esto quiere decir que los empleados tardan mucho tiempo en enterarse si sus decisiones fueron las correctas o no, pero si fueron incorrectas, las consecuencias son graves. Entonces el estrés proviene de la incertidumbre de no saber. Esto fomenta una visión de largo plazo, pero los empleados ponen mucho empeño en no equivocarse. Ejemplos de este tipo de cultura se encuentran en compañías petroleras o fabricantes aeroespaciales.

El modelo de Deal y Kennedy también describe 6 elementos culturales que le dan cohesión y permanencia a la cultura:

1. Historia de la empresa: es el conjunto de narrativas comunes que se cuentan sobre el pasado, y establece la base de la cultura. Las tradiciones del pasado mantienen vivos a los valores fundamentales de la empresa.

2. Valores y creencias: la identidad cultural se forma alrededor de las creencias sobre lo que realmente importa en la empresa, y los valores que representan a la empresa y sus objetivos.

3. Rituales y ceremonias: las ceremonias son los actos de los empleados que los acercan emocionalmente. Pueden ser cosas tan simples como tomarse el tiempo de despedirse de todos antes de terminar el día, comer juntos los viernes, o cosas más formales como ceremonias de premiación.

4. Historias: las historias contadas sobre la empresa típicamente ejemplifican los valores de la empresa, y expresan en forma dramática los logros del pasado de empleados que representan esos valores. Las historias transmiten a los empleados qué se espera de ellos.

5. Figuras heroicas: son los empleados que participan en las historias del punto anterior, y representan modelos a seguir.

6. La red cultural: la red de contactos informal dentro de la empresa es donde generalmente reside la información más importante, y a través de la cual la cultura corporativa se forma, transmite, y mantiene.

Un punto que hay que tener en cuenta es que puede haber subculturas dentro de la cultura global de la empresa. Por ejemplo, una empresa de software con una cultura de Trabaja Duro-Juega Mucho puede tener un departamento de finanzas con una subcultura de Proceso.

Migración entre Culturas Corporativas

El aspecto de las culturas corporativas tiene un impacto muy importante en nuestro proceso de reclutamiento y selección. Si contratamos a una persona que viene de una cultura corporativa diferente al tipo de cultura que tenemos nosotros, es posible que no se adapte y acabe saliéndose eventualmente, ya sea por decisión propia o despido.

Por lógica podemos deducir cuáles culturas son compatibles y cuáles no. Veamos el siguiente diagrama.

Diagrama 18: Migración entre Culturas Corporativas

	Cultura de Trabaja Duro-Juega Mucho	Cultura de Hombre Rudo	Cultura de Proceso	Cultura de Grandes Apuestas
Cultura de Trabaja Duro-Juega Mucho	-	Media	Baja	Baja
Cultura de Hombre Rudo	Alta	-	Baja	Media
Cultura de Proceso	Baja	Baja	-	Media
Cultura de Grandes Apuestas	Baja	Baja	Alta	-

En el lado izquierdo podemos ver las culturas de donde proviene un empleado, y en la parte superior vemos a cultura hacia donde emigra. Veamos cada una de las 12 posibles combinaciones.

1. Migración de Cultura de Trabaja Duro-Juega Mucho a Cultura de Hombre Rudo: Creemos que esta migración tiene una compatibilidad media. Comparten la misma

Velocidad de Retroalimentación (rápida), la cual implica que el empleado estará acostumbrado al ambiente dinámico de la nueva empresa. Pero la nueva empresa no será tolerante al fracaso, lo cual causará que un porcentaje de los empleados no se puedan adaptar. Visualicemos a una persona que trabajaba en una compañía de alta tecnología uniéndose a un departamento de policía. Está acostumbrado al dinamismo, pero no a las consecuencias del fracaso.

2. Migración de Cultura de Trabaja Duro-Juega Mucho a Cultura de Proceso: Esta migración probablemente tiene una compatibilidad baja. Comparten un bajo Grado de Riesgo, pero la Cultura de Proceso será demasiado rígida para alguien acostumbrado a la velocidad y libertad creativa. Imaginemos a un empleado de una empresa de alta tecnología, acostumbrado a estar trabajando en desarrollo de nuevos productos, migrando a una cultura enfocada a procesos en una cadena de supermercados.

3. Migración de Cultura de Trabaja Duro-Juega Mucho a Cultura de Grandes Apuestas: esta es probablemente la peor migración para el empleado, ya que no comparten ni la Velocidad de Retroalimentación, ni el Grado de Riesgo. Al empleado le costará trabajo acostumbrarse a la lentitud en recibir retroalimentación sobre su trabajo, y no tolerará el nivel de riesgo en caso de fracaso. Visualicemos a un trabajador de una empresa de alta tecnología migrando a una empresa petrolera.

4. Migración de Cultura de Hombre Rudo a Cultura de Trabaja Duro-Juega Mucho: creemos que esta migración es altamente compatible, ya que el trabajador está acostumbrado a la alta velocidad de retroalimentación, y al mismo tiempo probablemente le agradará la reducción en el riesgo del trabajo.

5. Migración de Cultura de Hombre Rudo a Cultura de Proceso: esta también es una de las peores migraciones posibles por ser totalmente opuestas. Al empleado tal vez le guste la reducción en riesgo, pero probablemente no tolerará el rigor de los procesos.

6. Migración de Cultura de Hombre Rudo a Cultura de Grandes Apuestas: en este caso la compatibilidad es media. El empleado estará acostumbrado a los altos riesgos del trabajo, pero tal vez le cueste adaptarse a no recibir retroalimentación tan rápido como antes.

7. Migración de Cultura de Proceso a Cultura de Trabaja Duro-Juega Mucho: esta migración tiene baja compatibilidad. La Cultura de Trabaja Duro-Juega Mucho es altamente desestructurada ya que requiere velocidad para adaptarse; una persona que venga de una empresa con procesos rígidos que regían su vida laboral anterior, probablemente se sentirá perdido por la falta de estructura clara de la nueva empresa.

8. Migración de Cultura de Proceso a Cultura de Hombre Rudo: esta es probablemente la peor migración de todas. El empleado acostumbrado a una empresa altamente estructurada por los procesos que no permiten cometer errores, tendrá grandes problemas en adaptarse a una empresa con pocos procesos, donde cometer un error puede costarle el empleo.

9. Migración de Cultura de Proceso a Cultura de Grandes Apuestas: esta migración tiene una compatibilidad media. El riesgo de las decisiones se incrementa, pero por lo menos el empleado está acostumbrado a trabajar en un ambiente altamente estructurado.

10. Migración de Cultura de Grandes Apuestas a Cultura de Trabaja Duro-Juega Mucho: creemos que esta migración es de baja compatibilidad, ya que es totalmente lo opuesto. El empleado se adaptará al menor riesgo (postulamos que la mayoría de la gente prefiere menos riesgo), pero le costará trabajo adaptarse a la velocidad de retroalimentación y procesos menos rígidos de la nueva empresa.

11. Migración de Cultura de Grandes Apuestas a Cultura de Hombre Rudo: esta migración también es de baja compatibilidad. A pesar de que comparten grados de riesgo, el empleado batallará para acostumbrarse al dinamismo y falta de estructura de la nueva empresa.

12. Migración de Cultura de Grandes Apuestas a Cultura de Procesos: creemos que esta migración es de alta compatibilidad ya que comparten la afinidad por procesos bien establecidos, y al mismo tiempo probablemente el empleado aceptará la reducción de riesgo.

En estas posibles migraciones podemos elucidar dos reglas básicas. Las migraciones de culturas de alto grado de riesgo a culturas de bajo grado de riesgo, generalmente son bien toleradas. La razón es obvia: es más probable que un empleado acepte reducir el riesgo de sus decisiones que lo contrario. Por otro lado, la migración entre culturas con diferentes velocidades de retroalimentación son más difíciles; la gente que ésta acostumbrada a la libertad y creatividad de tener procesos flexibles les cuesta trabajo adaptarse a empresas más burocráticas, y al revés, el empleado que viene de una empresa altamente estructurada, puede sentirse perdido en un ambiente desestructurado donde se espera que el empleado tome iniciativa propia.

Esta matriz de migraciones debe ser tomada como una guía general, y no como reglas absolutas; muchas personas son altamente adaptables, y podrán migrar sin mucho problema entre culturas de baja afinidad.

El procedimiento conveniente es determinar primero qué tipo de cultura tenemos, y luego crear un cuestionario para determinar qué tan compatibles son los candidatos con nuestra cultura. El factor de compatibilidad probablemente no debería de ser usado como el factor único de decisión en una contratación, pero puede ser utilizado para romper empates entre candidatos muy similares.

Compatibilidad entre Estrategias y Culturas Corporativas

Veamos ahora cuál es la posible relación entre los tres tipos de estrategias generales (precio, producto, y enfoque), y cada una de las cuatro culturas corporativas.

Diagrama 19: Estrategias vs. Culturas Corporativas

	Liderazgo de Producto	Liderazgo de Precio	Enfoque
Cultura de Trabaja Duro-Juega Mucho	Alta	Baja	Depende
Cultura de Hombre Rudo	Alta	Baja	Depende
Cultura de Proceso	Baja	Alta	Depende
Cultura de Grandes Apuestas	Depende	Depende	Depende

Podemos ver en esta matriz que en el caso de la estrategia de enfoque, la compatibilidad con cada cultura está como "depende". Esto se debe a que la estrategia de enfoque puede ser tanto de precio o de producto, siempre y cuando vaya enfocada a un solo segmento de mercado o zona geográfica que no esté siendo bien atendida por la competencia. Por eso su compatibilidad depende de cuál de estas dos opciones se seleccione. Nos enfocaremos entonces a describir las compatibilidades entre las cuatro culturas y las estrategias de precio y de producto.

1. Compatibilidad entre la Cultura de Trabaja Duro-Juega Mucho con la Estrategia de Liderazgo de Producto: la compatibilidad es alta. Esta cultura es la mejor para poder mantener un liderazgo de producto, ya que es ágil y permite cometer errores en forma rápida y constructiva, para encontrar mejores soluciones en forma evolutiva.

2. Compatibilidad entre la Cultura de Trabaja Duro-Juega Mucho con la Estrategia de Liderazgo de Precio: la compatibilidad es baja, ya que la estrategia de liderazgo de precio requiere procesos que controlen los gastos, y eso es exactamente lo que no tiene esta cultura.

3. Compatibilidad entre la Cultura de Hombre Rudo con la Estrategia de Liderazgo de Producto: la compatibilidad también es alta, ya que esta cultura tiene la agilidad para crear productos nuevos y mantenerse adelante de la competencia.

4. Compatibilidad entre la Cultura de Hombre Rudo con la Estrategia de Liderazgo de Precio: esta es probablemente la combinación menos compatible. El liderazgo de precio requiere procesos detallados y meticulosos para mantener los costos bajos, y por lo mismo no permite moverse rápido y asumir grandes riesgos.

5. Compatibilidad entre la Cultura de Proceso y la Estrategia de Liderazgo de Producto: tienen una compatibilidad baja, ya que esta estrategia no permite una velocidad de retroalimentación alta, y por lo tanto, no concuerdan los tipos de procesos.

6. Compatibilidad entre la Cultura de Proceso y la Estrategia de Liderazgo de precio: la compatibilidad es alta. Este es exactamente el tipo de cultura que requiere esta estrategia.

Podemos ver que con respecto a la Cultura de Grandes Apuestas, su compatibilidad con ambas estrategias también depende. Esto se debe a que depende del negocio en sí. Hay empresas de esta cultura cuyo enfoque es el liderazgo de precio, por ejemplo, las compañías petroleras. Realmente no hay forma de diferenciar el producto final (petróleo), por lo que se tienen que enfocar a un alto nivel de precisión en sus procesos para mantener los costos y riesgos al mínimo. Por otro lado, otras empresas de esta cultura se enfocan mucho en el producto, tal como las compañías aeroespaciales, que pueden ganar o perder grandes contratos gubernamentales en base a la diferenciación de su producto.

Si la cultura organizacional no concuerda lo suficiente con la estrategia elegida, la compañía tendrá una cultura disfuncional, y esto afectará su desempeño. Por ejemplo, si una empresa de software, cuya ventaja estratégica depende de generar nuevos productos y expanderse a nuevos mercados geográficos, intenta implementar una cultura de proceso, causará todo tipo de fricciones internas, lo cual resultará en rotación de personal, e incapacidad de cumplir sus objetivos. Por otro lado, si una cadena de supermercados adopta una cultura de trabaja duro-juega mucho, su falta de procesos hará que los costos suban, y no podrán competir por precio.

Otro problema es cuando compañías que por la naturaleza de su nicho competitivo deberían de tener una cultura de proceso, trabaja duro-juega mucho, o de grandes apuestas, son forzadas hacia una cultura de hombre rudo por la personalidad misma del director general.

Moldeando la Cultura Corporativa

La cultura corporativa de la empresa es extremadamente importante. Si no nos ocupamos de moldearla activamente, surgirá por sí misma, y no necesariamente tendremos la cultura ideal para nuestra estrategia y nicho de mercado. Es por esto que es tan importante administrarla activamente, y esto recae totalmente en el área de recursos humanos.

Sugerimos los siguientes pasos para moldear la cultura corporativa de la empresa:

1. Definir la estrategia de la empresa. Si estamos usando el Balanced Scorecard, ya tenemos este paso completado

2. Identificar en cuál de las 4 culturas nos encontramos actualmente.

3. Revisar si nuestra cultura actual está alineada con la estrategia.

4. Crear un documento de visión en base a las iniciativas estratégicas. En este documento hay que listar los valores y actitudes que esperamos de los empleados.

5. Crear un plan de comunicación cultural. Este plan debe contener una serie de mensajes que queremos transmitir a los empleados, y que realmente adopten como filosofía de trabajo y convivencia.

6. Crear rituales que concuerden con nuestra cultura, y que refuercen nuestra estrategia. Por ejemplo, si tenemos una estrategia de liderazgo de producto, y una cultura de trabaja duro-juega mucho, un ritual podría ser el premio a la idea más creativa del mes, y más atrevidamente, el premio al error más constructivo del mes. Toda actividad que se haga en grupo, y que se repita con una frecuencia establecida, tiene el potencial de convertirse en ritual, y darle cohesión a la cultura de la empresa.

Si la empresa decide hacer un cambio radical en la estrategia, el ajuste de la cultura corporativa es fundamental, a tal punto que si no se hace correctamente, la empresa corre el riesgo de fracasar en el intento. Es por eso muy importante que el director de recursos humanos tome el liderazgo en el moldeado de la cultura corporativa, y comunique el concepto y el proceso en forma clara a la dirección general.

Plan de Retención de Personal

David Allen, en su documento "Retaining talent, a guide to analyzing and managing employee turnover[26]", proporciona la siguiente información sobre cómo administrar la rotación de personal. El objetivo del Plan de Retención de Personal es medir la rotación de personal, entender sus causas, e implementar estrategias para reducirla.

¿Cómo se define la rotación de personal? Es simplemente cuando un empleado deja la empresa, voluntaria o involuntariamente.

La fórmula para calcular la rotación de personal es la siguiente:

$$Rotación = \frac{Número\ de\ empleados\ que\ se\ fueron}{Número\ de\ empleados\ en\ la\ empresa} \times 100$$

La rotación de personal varía mucho de industria a industria, pero también pueden ser observadas grandes diferencias entre empresas muy similares.

Hay varios tipos de rotación de personal[27]. El siguiente diagrama nos muestra las clasificaciones:

Diagrama 20: Tipos de Rotación de Personal

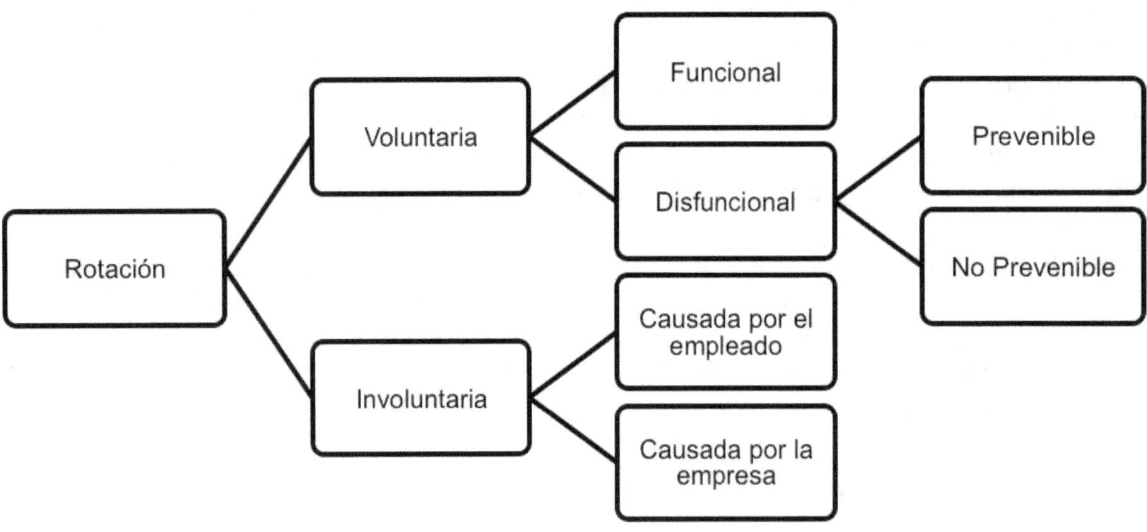

A continuación explicamos en qué consiste cada una:

1. La rotación voluntaria es cuando un empleado decide dejar la empresa.

---

[26] Allen, David G., "Retaining talent, a guide to analyzing and managing employee turnover", SHRM Foundation's Effective Practice Guideline Series, 2008. Web. Septiembre 2014.

2. La rotación voluntaria funcional es cuando la salida del empleado no le causa mayor daño a la empresa, ya que su desempeño no era bueno, o porque es un puesto que se puede sustituir muy rápido. De hecho este tipo de rotación puede ser beneficioso para la empresa, ya que le da la oportunidad a la organización el atraer a talento más productivo

3. La rotación voluntaria disfuncional es cuando la salida del empleado causa daño a la empresa, ya que el empleado era altamente productivo, y/o va a costar mucho tiempo y dinero sustituirlo.

4. Una rotación voluntaria disfuncional prevenible es causada por factores controlables por la empresa, por ejemplo, el nivel de satisfacción laboral de los empleados, o el nivel de sueldos. Por lo tanto, es el tipo de rotación que podemos controlar.

5. Una rotación voluntaria disfuncional no prevenible es aquella que no es causada por factores controlables por la empresa, por ejemplo, si el empleado se va a cambiar de ciudad con su familia. En un caso como este, no hay nada que la empresa pueda hacer al respecto.

6. La rotación involuntaria es cuando el empleado deja la empresa sin haberlo planeado.

7. La rotación involuntaria causada por el empleado es cuando un factor intrínseco al empleado causó su salida, por ejemplo, despido por bajo rendimiento.

8. La rotación involuntaria causada por la empresa es cuando el empleado es despedido por factores intrínsecos a la empresa, por ejemplo, al hacerse una reestructuración.

El plan de rotación se enfoca en la rotación voluntaria disfuncional prevenible, porque es el único tipo de rotación que podemos controlar.

La rotación de personal tiene dos grandes consecuencias:

1. Es costosa

    a. Los costos directos de reemplazo pueden llegar hasta el 50% del sueldo anual del empleado

    b. El costo total puede llegar desde el 90% al 200% del sueldo anual del empleado

2. Afecta la productividad

    a. La rotación ha sido ligada a la reducción en ventas y reducción en la moral de los empleados

    b. También está ligada al decremento en ganancias netas y valor de mercado

La rotación de personal genera tres tipos de costos: costos de salida, costos de reemplazo, y costos de productividad.

Los costos de salida son:

- Tiempo del personal de recursos humanos

- Tiempo del gerente

- Finiquito

- Cobertura temporal del puesto (tiempos extra)

Los costos de reemplazo son:

- Tiempo del departamento de recursos humanos

- Costo del reclutador externo

- Tiempo del entrenador

- Baja productividad mientras el empleado se capacita

Y finalmente los costos de productividad son:

- Retrasos en producción y atención al cliente

- Reducción de calidad

- Clientes que no se adquirieron

- Incremento en competencia si el empleado se fue a trabajar con un competidor o crea su propia empresa

- Contagio (otros empleados deciden irse también)

- Pérdida de diversidad de género y edad

La pregunta fundamental es, ¿cómo determinamos el costo total de la rotación?

Los costos de salida y los costos de reemplazo son salidas netas de efectivo; tenemos que pagar esas cantidades con dinero. Por otro lado, el costo de productividad es un costo de oportunidad, o sea, no es dinero que pagamos en efectivo, sino dinero que dejamos de ganar.

¿Cómo lo cuantificamos en una sola cantidad medible? No hay una forma estrictamente contable de hacerlo. Pero tenemos que producir un número aproximado que nos guíe en nuestras decisiones. La forma de hacerlo es dividiendo los ingresos anuales totales de la empresa, entre el número total de empleados. De esta forma obtenemos el ingreso por empleado.

Por ejemplo, si el ingreso anual de la empresa es de $100,000,000 de pesos, y tenemos 2,000 empleados, entonces el ingreso anual por empleado es de $50,000 pesos. Si dividimos entre 12 meses, obtenemos $4,166.67 pesos por empleado. Entonces, podemos decir que cada mes, en promedio cada empleado genera esta cantidad. Ahora, si tardamos 3 meses en reponer el puesto, perdemos tres meses de este ingreso, o sea $12,500 pesos.

Esta cantidad, más los costos de salida y los costos de reemplazo, representan el costo total de rotación de un empleado.

Claro que no todos los puestos son igual de valiosos. Sin duda que un director genera más valor de un operador. Por esto, hay que asignarle un valor multiplicador a cada puesto.

¿Pero por qué se van los empleados de una empresa? La Teoría del Equilibrio Organizacional nos indica que un empleado se quedará en la empresa siempre y cuando los incentivos ofrecidos por la empresa sean iguales o mayores a las contribuciones que el empleado percibe dar a la empresa.

Diagrama 21: Teoría del Equilibrio Organizacional

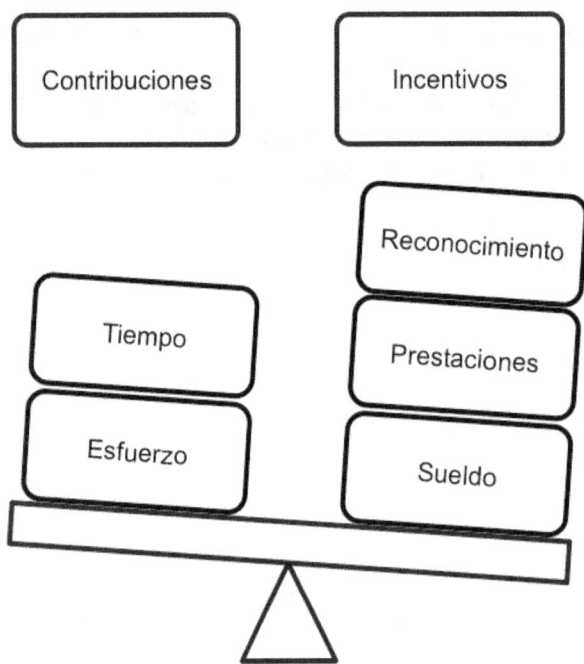

Así es que siempre y cuando el empleado perciba que la combinación de sueldo, prestaciones, reconocimiento, y demás incentivos, es igual o mayor que el tiempo y esfuerzo que invierte en la empresa, permanecerá en ella.

Hay que tomar en cuenta que el concepto de *percepción* es clave. La empresa puede percibir que está dando grandes incentivos, pero el empleado puede percibir otra cosa, ya que son conceptos hasta cierto punto subjetivos. Lo bueno de esto es que nos da la oportunidad de administrar dicha percepción.

El proceso de rotación es complejo; el empleado no decide súbitamente dejar la empresa; hay un proceso intelectual y emocional detrás. El siguiente modelo lo describe:

Diagrama 22: Modelo de Rotación de Personal

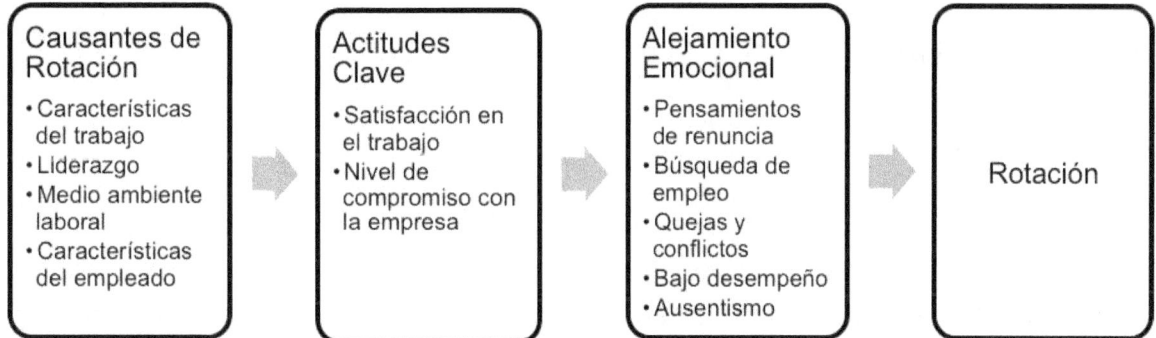

Las causantes de rotación pueden ser varias. Las características del trabajo en sí mismas son determinantes, ya que moldean la satisfacción laboral, uno de los factores más importantes. De igual forma, el liderazgo, específicamente qué relación tiene el empleado con su jefe directo, es fundamental.

Estas causantes de rotación generan las actitudes clave: el nivel de satisfacción en el trabajo, y el nivel de compromiso con la empresa. La satisfacción en el trabajo es el sentimiento que tiene el empleado sobre su desempeño: qué tan bien hace su trabajo, qué tan justo percibe ser su carga laboral, qué tan capacitado se siente, etc. El nivel de compromiso con la empresa consiste en la disponibilidad que tiene el empleado de verdaderamente cumplir sus objetivos y colaborar al máximo en lograr la misión de la empresa. Cabe notar que un empleado puede estar totalmente satisfecho con su trabajo, pero puede no tener un nivel de compromiso adecuado con la empresa.

Cuando las actitudes clave son bajas, comienza el alejamiento emocional. Este se manifiesta en pensamientos de renuncia, búsqueda de empleo, quejas y conflictos con el jefe y con otras personas, bajo desempeño, y ausentismo. Si ponemos atención a los empleados, podremos ver estas señales.

Finalmente, cuando el alejamiento emocional pasa un umbral, el empleado decide irse de la empresa, y ocurre la rotación.

A continuación listamos algunas de las variables más importantes que causan la rotación:

- Involucramiento con la empresa

- Relación con el supervisor

- Claridad en objetivos

- Conflictos con compañeros de trabajo

- Nivel de satisfacción laboral

- Alternativas laborales en otras empresas

- Nivel de estrés

- Oportunidades de ascenso

- Número de dependientes

- Edad

- Sueldo

Es importante notar que ciertamente el sueldo es un factor importante, pero lo que importa más es la percepción de qué tan justo es el sueldo en comparación con el mercado, y en proporción a la carga de trabajo.

El siguiente diagrama nos muestra los pasos necesarios para crear un Plan de Retención de Personal:

Diagrama 23: Plan de Retención de Personal

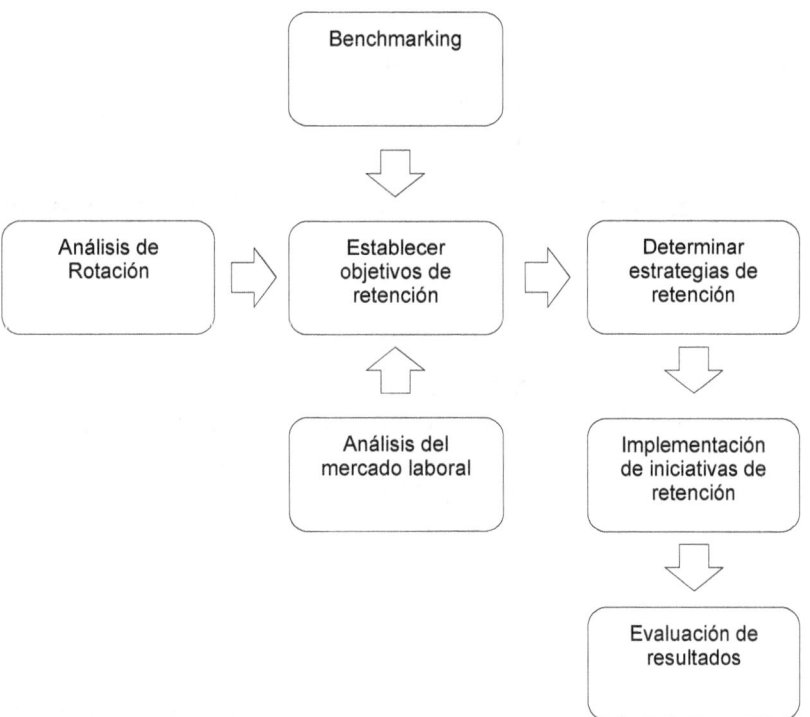

Veamos cada paso.

1. Análisis de Rotación

El objetivo de este paso es contestar tres preguntas clave:

a) ¿Cuántos empleados se van? Este es el cálculo de la rotación de personal. Este cálculo se tiene que hacer mensualmente y ser utilizado como una de las métricas principales de la empresa.

b) ¿Quiénes se van? Es importante saber la rotación por departamento, por puesto, por zona geográfica, etc

c) ¿Cuánto nos cuesta? Aquí utilizamos la fórmula de Costo Total de Rotación.

2. Establecer Objetivos de Retención

En este paso debemos preguntarnos, ¿a quiénes queremos retener? Recordemos que no toda la rotación es mala. Si gente de bajo desempeño se va, puede ser bueno para la empresa. Lo difícil es determinar el nivel de desempeño en el cual queremos hacer el corte. De igual forma, si es muy rápido y barato sustituir cierto tipo de puesto, es totalmente posible que no convenga tomar medidas de retención para ese caso. Pero hay que hacer un análisis cuidadoso antes de tomar una decisión.

3. Benchmarking

El "benchmarking" consiste en comparar nuestras métricas con las métricas de otras empresas. Es importante saber cómo está nuestro nivel de rotación en comparación a otras empresas. Sin embargo, no hay que cometer el error de pensar que estamos bien si otras empresas están mucho peor que nosotros (mal de muchos, consuelo de tontos). Después de todo, recordemos que tenemos una métrica objetiva: el Costo Total de Rotación. Nuestro objetivo es reducirlo a su mínima expresión.

4. Análisis del Mercado Laboral

El objetivo de este paso es analizar las tendencias del mercado laboral que puedan afectar nuestra empresa. Por ejemplo, si en el mercado laboral local estamos viendo que cierto tipo de ingeniero es difícil de encontrar, entonces sabemos que tardaremos varios meses en sustituir ese puesto. Por lo tanto, estaremos disponibles en invertir más dinero en retener este tipo de ingeniero.

5. Determinar Estrategias de Retención

En base a la información recolectada en los pasos anteriores, podremos determinar qué acciones específicas podremos tomar para cada persona, tipo de puesto, área, y zona geográfica. Tomar iniciativas específicas de retención hace que nuestro programa sea mucho más eficiente y redituable que tomar acciones genéricas. En la siguiente sección veremos cómo implementar estas estrategias.

Esta lista es solo una pequeña muestra de las cosas que se pueden hacer. Lo importante es que las estrategias de retención se tienen que ajustar por empresa, por puesto, y por persona. Además, debemos poder medir su costo y su retorno de inversión, para evitar acabar pagando más de lo que hubiéramos perdido con la rotación.

6. Implementación y Evaluación de las Iniciativas de Retención

En este paso final implementamos las iniciativas, y medimos su impacto en la rotación. Lo interesante de los programas de retención de personal es que sus resultados son totalmente medibles, por lo que podemos conocer el impacto económico real de cada iniciativa tomada.
El Plan de Retención de Personal se divide en 6 estrategias. A continuación las listamos, junto con acciones específicas que se pueden tomar para reducir la rotación. Es importante asignarle un responsable y una fecha de entrega a cada acción que se decida implementar.

Estrategia 1: Comunicación clara de los objetivos de la empresa

- Hacer encuesta con la pregunta: ¿cuáles crees que son los objetivos de la empresa?

- Enviar documento a todos los empleados con los objetivos de la empresa, y qué se espera de ellos

Estrategia 2: Comunicaciones directas y abiertas con los empleados

- Forma en Internet para retroalimentación anónima

- Comunicar a todos política de comunicación anónima de problemas

- Reunión en grupo mensual para que empleados discutan problemas con su supervisor

- Periódico de la compañía (en papel o electrónico) para comunicación continua con empleados

- Política de reunión individual de cada empleado con su supervisor en forma mensual

- Reuniones inter-departamentales en forma mensual

Estrategia 3: Incrementar el involucramiento e iniciativa de los empleados

- Bono por retención a supervisores y departamentos

- Reunión diaria de 15 minutos en cada operación

- Programa de premio a la mejor idea del mes en cada operación

- Comités de mejora continua en cada operación

- Anuario de la empresa

- Programa de coaches para cada empleado nuevo

- Comida mensual de equipos

- Programa de eventos extracurriculares

- Programa de eventos de integración de equipos

- Paquete de bienvenida a empleados nuevos

- Regalos de Día de Reyes para los hijos

- Celebración de cumpleaños, incluyendo regalo

- Playeras con el logo de la empresa

Estrategia 4: Incrementar la autonomía y flexibilidad de los empleados

- Implementar programa de proyectos especiales por departamento

- Implementar administración por objetivos

- Concurso de slogan del departamento

- Horarios más flexibles

- Programa de tele-trabajo

Estrategia 5: Enfoque en el desarrollo profesional y educativo de los empleados

- Programa de entrenamiento formal para cada puesto

- Programa de entrenamiento cruzado

- Encuesta de ambiciones profesionales

- Plan de carrera

- Plan de visitas a clientes para empleados que no están en operaciones

- Becas para preparatoria, universidad, maestrías

- Programa para entrenamiento para líderes

Estrategia 6: Recompensar el alto desempeño

- Encuesta a empleados para preguntarles cómo quieren ser reconocidos

- Comunicar a supervisores la importancia de felicitar a subalternos inmediatamente

- Programa de microbonos

- Diplomas de reconocimiento trimestral

- Certificados de regalo por cumplimiento de objetivos mensuales

- Premio anual para el mejor empleado de cada puesto

- Premio trimestral a la mejor sucursal u operación

- Celebración de un año más en la empresa

- Bono por 5 años más en la empresa

- Página de reconocimientos en el sitio web de la empresa

- Rifa mensual de un regalo grande al mejor equipo de la compañía

3) Remuneración

La remuneración es el pago que recibe el empleado a cambio de su trabajo. El objetivo de la administración de la remuneración es optimizar el retorno económico obtenido por la empresa a cambio de los salarios devengados. Todo empleado debe generar en forma directa o indirecta ingresos para la empresa. Esos ingresos deben ser medidos por unidad de tiempo, y se debe tomar en cuenta cuánto invertimos en el empleado para que pueda generar ese ingreso. La fórmula es la siguiente:

$$Retorno\ por\ empleado = \frac{Ingreso\ generado}{Tiempo \times Salario}$$

Veamos la siguiente gráfica:

Diagrama 24: Ingreso Generado por Unidad de Tiempo vs Salario

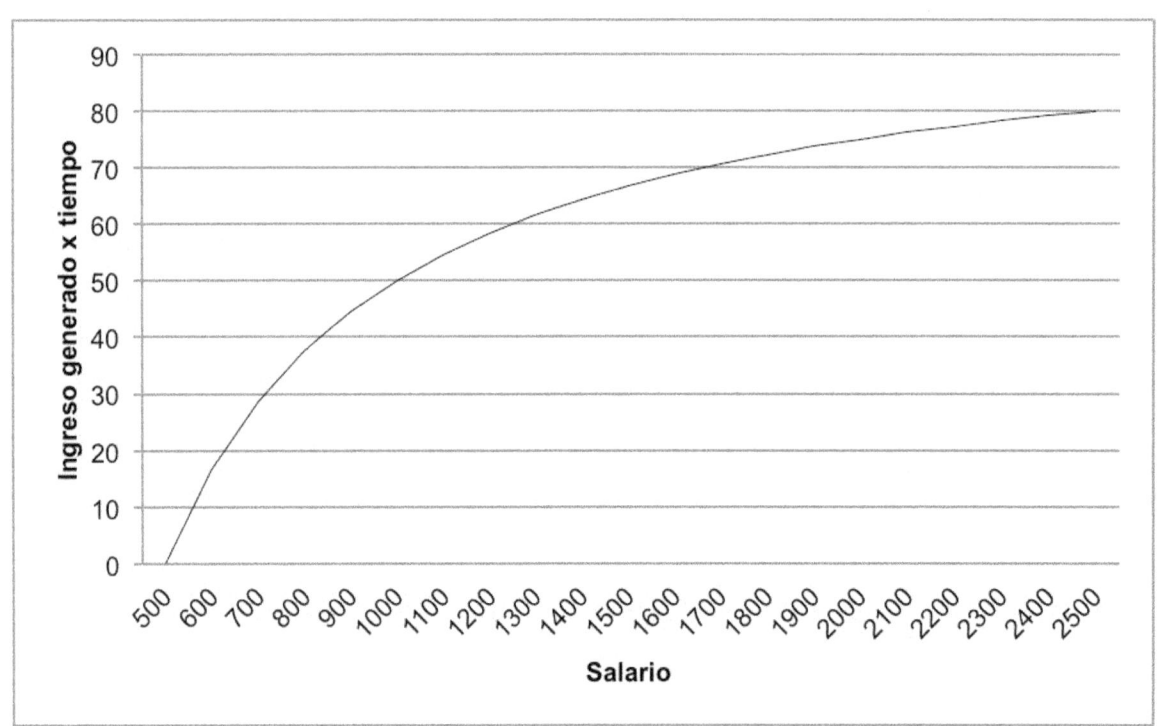

En esta gráfica representativa podemos ver que conforme incrementamos el salario en un puesto, podemos esperar un incremento en su productividad, o sea en el ingreso por unidad de tiempo. Esta productividad tiene un nivel máximo determinado por las capacidades del empleado, así como el proceso y recursos utilizados para realizar el trabajo. Más allá e cierto punto, no importa cuánto le paguemos, no lograremos incrementar su productividad.
Por otro lado, cada uno de estos niveles de productividad representan un costo en salario para la empresa.

Diagrama 25: Salario vs Retorno

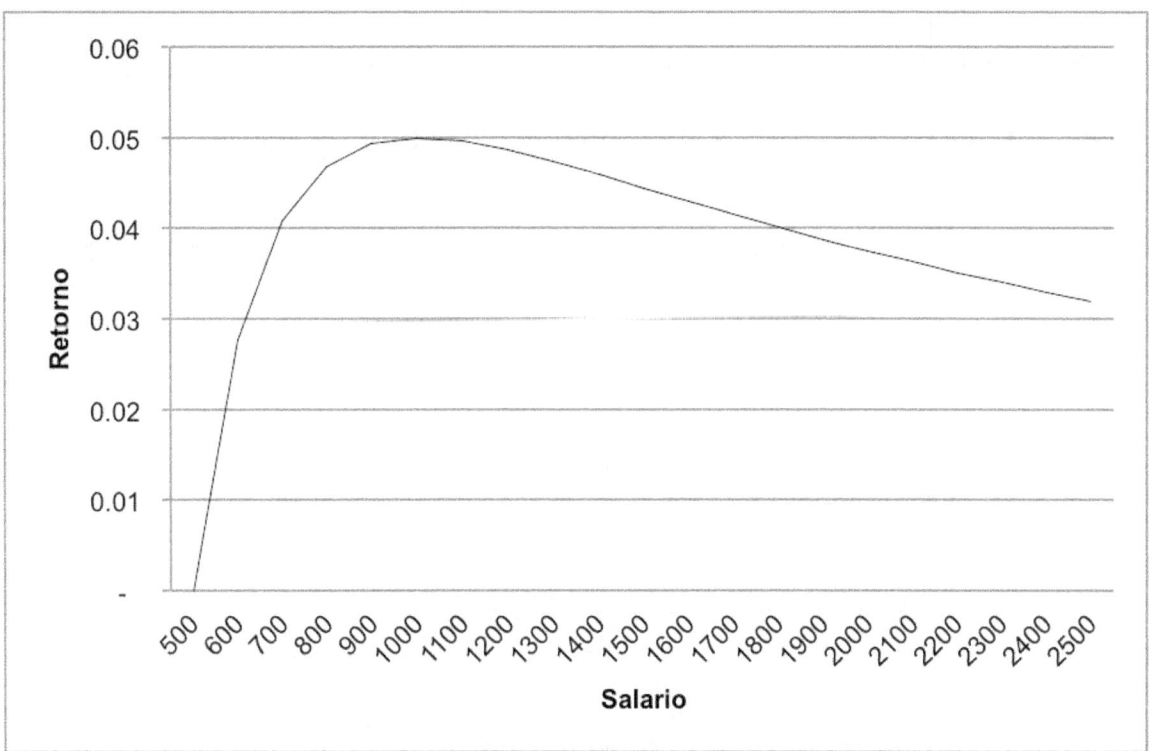

En esta gráfica podemos ver cómo al ir incrementando el salario, al principio el retorno crece, pero luego llega a un punto máximo, y luego el retorno comienza a descender conforme se incrementa el salario. Esto se debe a que la línea de costo de salario se incrementa rápidamente, y llega un punto en que la productividad ya no está creciendo suficientemente rápido con respecto al incremento de salario.

En la vida real es extremadamente difícil, si no es que imposible, determinar estas curvas. La razón por la cual las presentamos es para comunicar los siguientes conceptos sobre remuneración:

1. Para cada puesto, hay un salario que optimiza el retorno de inversión de la empresa.

2. El incrementar el salario más allá de este punto es subóptimo para la empresa.

3. De igual forma, el reducir el salario debajo de ese punto también es subóptimo para la empresa.

La realidad de las cosas es que los salarios que podemos implementar en la empresa están fuertemente influenciados por fuerzas externas en el mercado laboral. Pero el mercado laboral solo puede determinar cuál es el salario más bajo que podemos ofrecer para un puesto determinado si queremos poder atraer personal; el mercado laboral no nos restringe pagar más, si creemos que el hacer esto incrementará nuestro retorno sobre inversión. Entonces, nuestro trabajo como gerentes y directores de recursos humanos no es tratar de pagar lo mínimo posible por puesto, sino buscar cuál es el sueldo óptimo por puesto, el cual incrementa el retorno sobre inversión de la empresa.

La razón por la cual remuneramos al empleado es para obtener cierto comportamiento de su parte. Se le paga un sueldo si cumple sus metas. Si no cumple sus metas, eventualmente se le despide. Si va más allá de sus metas en cantidad o en tiempo, lo recompensamos con bonos. En teoría se ve simple. Pero la verdad de los hechos es que es difícil moldear el comportamiento del ser humano. Es fácil cometer errores en el proceso de remuneración.

Steven Kerr[28] nos indica cuáles son los errores más comunes en la administración de la remuneración:

1. Buscamos lograr crecimiento de largo plazo y responsabilidad corporativa; en lugar de eso premiamos ingresos trimestrales.

2. Buscamos lograr que la gente trabaje en equipo; en lugar de eso recompensamos el esfuerzo individual.

3. Buscamos establecer objetivos que sean un reto; en lugar de eso recompensamos el cumplimiento de métricas preestablecidas.

4. Buscamos un compromiso con la calidad total; en lugar de eso recompensamos el entregar el producto a tiempo aunque tenga defectos.

5. Buscamos la sinceridad de los empleados para comunicarnos los problemas que detecten; en lugar de eso recompensamos a los que nos dan buenas noticias, sean reales o no, y recompensamos a los que siempre están de acuerdo con el jefe.

Kerr luego procede a enumerar las 2 causas de estos errores en las empresas:

1. Obsesión con un criterio "objetivo". Muchos gerentes buscan establecer estándares simples y fáciles de cuantificar como base de las recompensas para los empleados. Esto puede funcionar en algunas áreas muy predictivas de la organización, pero muy probablemente causarán el comportamiento erróneo en áreas donde no haya tal predictibilidad.

2. Demasiado énfasis en comportamiento altamente visibles: muchas veces los problemas surgen cuando una parte de las tareas son altamente visibles y otras no lo son. Por ejemplo, las ventas cerradas son fácilmente visibles, pero todo el trabajo de desarrollo de negocios y evangelización detrás de las ventas no lo es. Sin este desarrollo de negocios no habría ventas a largo plazo, pero por ser mucho menos visible, no es recompensado.

De acuerdo a la organización CIPD[29], hay dos grandes tipos de recompensas:

- Recompensas estratégicas: Las recompensas estratégicas están basadas en políticas de remuneración de largo plazo ligadas a iniciativas estratégicas.

---

[28]Kerr, Steven, "On the folly of rewarding A, while hoping for B"
The Academy of Management Executive; Feb 1995. Web. Septiembre 2014. http://www.ou.edu/russell/UGcomp/Kerr.pdf

[29] CIPD, "Strategic reward and total reward", March 2014. Web. Septiembre 2014. http://www.cipd.co.uk/hr-resources/factsheets/strategic-reward-total-reward.aspx

- Recompensas totales: Las recompensas totales cubren todos los aspectos del trabajo que son valorados por los empleados más allá de las recompensas económicas, incluyendo elementos como oportunidades de aprendizaje y desarrollo, así como un ambiente de trabajo agradable.

Este es un punto muy importante a tomar en cuenta: no solo se premia y motiva el comportamiento del empleado con dinero, sino también con intangibles.

La Estrategia de Remuneración

CIPD también nos indica que hay varias formas de implementar una estrategia de remuneración, pero en general se deben incluir 4 elementos:

1. Una declaración de intención

2. Una explicación del caso de negocio detrás de la estrategia

3. Los principios fundamentales a usar

4. Un plan de implementación

Estos son algunos de los principios fundamentales que podemos utilizar:

- Diseñar los tabuladores de sueldo de tal manera que podamos atraer el talento correcto para lograr nuestras iniciativas estratégicas.

- Ligar los incrementos en sueldo y bonos a nuestras iniciativas estratégicas; por ejemplo, si una de nuestras iniciativas estratégicas es incrementar el enfoque en el cliente, entonces ligamos el incremento de sueldo a niveles medibles de esta iniciativa.

- Tener cuidado de balancear correctamente los ingresos fijos vs. los ingresos variables para motivar el comportamiento adecuado.

Además de incrementar sueldo y bonos, usando una estrategia de recompensas totales, CIPD recomienda acciones como:

- Premios a base de desarrollo de carrera, tal como estudios

- Premiar con proyectos más interesantes

- Más libertad y autonomía

- Espacio de oficina más grande

- Más capacidad de decisión

- Más flexibilidad de horario

- Oportunidad de trabajar desde su casa

- Apoyo de secretaria

Estos son beneficios intangibles pero altamente visibles. Si un empleado tiene un alto desempeño y se le paga un bono o se le da un aumento de sueldo, es muy posible que sus compañeros no se den cuenta de ello. Pero las recompensas totales son altamente visibles; cuando los compañeros del empleado destacado vean los privilegios logrados a cambio de tal desempeño, se incrementará la posibilidad que ellos también incrementen su desempeño para lograr lo mismo. De igual forma, estos premios pueden ser comunicados a través de nuestra campaña de Employer Branding, atrayendo así mejores candidatos.

Sin embargo, este tipo de programas deben ser implementados con cuidado, y con la participación de todos los gerentes, ya que pueden causar afectaciones a los procesos. Por ejemplo, si decidimos dar como premio más flexibilidad de horario, es posible que afecte la productividad de algunas operaciones; por eso es importante contar con la retroalimentación de los supervisores y gerentes de cada área. De igual, otros recursos, como el espacio de oficina, es limitado, y podría causar problemas cuando este premio ya no pueda ser dado. De igual forma, si no hay una cultura organizacional de trabajo en equipo, sino que hay mucha política y mal ambiente de trabajo, el dar este tipo de premios a los empleados destacados, en lugar de motivar a los demás trabajadores a mejorar, podría ocasionar envidias y mala actitud hacia ellos.

Tabuladores de Sueldo

Como sabemos, los tabuladores de sueldo contienen los sueldos a ser pagados por puesto. El tabulador de sueldos no es una simple herramienta contable que nos permite operativamente saber cuánto hay que pagarle a quien. Lo que debemos conceptualizar es el poder estratégico que hay detrás del tabulador.

Los tabuladores pueden ser diseñados para lograr diferentes objetivos[30]:

- Alinear la estrategia de remuneración con la estrategia de negocios de la empresa, y específicamente con las iniciativas estratégicas definidas en el Balanced Scorecard.

- Traer orden y claridad a la organización y a los empleados con respecto al incremento de sueldos y progreso en sus carreras, y así incrementar el involucramiento y la motivación.

- El asegurarnos que los pagos sean justos y de acuerdo a las leyes, tanto en términos de conceptos como salarios mínimos, como evitar discriminaciones por género y edad.

Veamos los diferentes tipos de tabuladores. Los tabuladores se pueden diferenciar por dos características principales:

1. El número de niveles en el tabulador

2. La diferencia entre cada nivel

En base a esto, podemos enumerar los siguientes tipos de tabuladores:

- Tabulador de salario único. Para cada puesto, hay un solo salario listado. Es el tipo de tabulador más sencillo.

- Tabulador con rangos individuales. Para cada puesto, se lista un rango de salarios posibles, sin grados específicos.

- Tabulador angosto. Contiene varios grados de pago por puesto, típicamente 10 o más. Generalmente es fácil que el empleado progrese a través de los grados (o sea que reciba incrementos de sueldo frecuentes), pero como es un rango muy chico, o sea, "angosto", llegan rápidamente al nivel máximo. Esto puede causar presión por parte de los empleados de incrementar el tope del tabulador. Si la administración accede por presión, se pueden ir incrementando los sueldos fuera de una política establecida.

- Tabulador ancho. Al contrario del tabulador angosto, este tabulador tiene mucha diferencia entre cada grado, y tiene menos grados.

Tenemos entonces las siguientes formas para recompensar, y por lo tanto para moldear el comportamiento del empleado:

---

[30] CIPD, "Pay Structures", January 2014. Web. Septiembre 2014. http://www.cipd.co.uk/hr-resources/factsheets/pay-structures.aspx

1. Salario base: El salario base es lo mínimo que podemos dar; es lo que garantiza que el empleado se presente cada mañana.

2. Comisiones: las comisiones son la forma más directa de motivar al empleado a hacer algo fundamental: vender.

3. Bonos: los bonos los damos cuando el empleado cumple con sus metas en tiempo y forma.

4. Incrementos de sueldo: son dados cuando el empleado sube de puesto, y es en proporción a su nivel de responsabilidad. También podemos incrementar el sueldo en base a conocimiento adquirido.

5. Premios no monetarios.

Debemos tener en claro que son dos cosas las que queremos recompensar: el comportamiento que lleva al cumplimiento de metas en tiempo y forma, y el comportamiento que lleva a la mejora continua de los procesos detrás de las métricas. El recompensar ambas es fundamental. Si solo recompensamos el cumplimiento de metas, podemos acabar en una situación subóptima, en la que las metas se logran consistentemente, pero no nos damos cuenta que el sistema global de la empresa de hecho podría soportar metas mucho más altas, si tan solo mejoráramos los procesos.

Veamos ahora los 10 errores más comunes a la hora de implementar un plan de remuneración[31]:

1. Comenzar con el final. Muchas organizaciones primero deciden qué tipo de estrategia de remuneración quieren implementar, en base a lo que está haciendo la competencia, y trabajan en reversa para implementarlo. Por ejemplo, la empresa puede decidir implementar bonos por equipos porque su competencia lo hizo, pero realmente no tiene claro qué comportamiento quiere moldear en los equipos de trabajo. Al hacer esto, el plan de remuneración no queda alineado con las iniciativas estratégicas de la empresa.

2. No establecer un criterio para medir el éxito. Al faltar esto, no hay forma de medir si el plan está funcionando o no. En otras palabras, la implementación del plan de remuneración es también un proceso dentro de la empresa, por lo que debe tener claramente definidos sus metas, métricas, responsables, recursos, y tareas.

3. Desincronización entre la estrategia de negocios y el plan de remuneración. Los planes estratégicos cambian cada vez más rápido, pero no es fácil el hacer cambios al plan de remuneración, ya que los empleados se acostumbran a ellos, los cambios son disruptivos, aún cuando a largo plazo sean beneficiosos. El reto es crear un plan de remuneración lo suficientemente robusto y flexible para adaptarse a cambios estratégicos que la empresa pueda requerir. Esta es una conexión fundamental entre el área de recursos humanos y la planeación estratégica.

4. Confundir complejidad con flexibilidad. Acabamos de mencionar que es fundamental ser flexibles a la hora de diseñar el tabulador, pero no hay que confundir complejo con

---

[31] Bevan, Stephen; "Reward strategy: ten common mistakes", Institute for Employment Studies, 2000. Web. Septiembre 2014. http://www.employment-studies.co.uk/pdflibrary/mp2.pdf

flexible. El objetivo de la flexibilidad es permitir que el tabulador se adapte a cambios organizacionales. Cuando el tabulador tiene demasiadas combinaciones de niveles, bonos, premios no monetarios y todo tipo de reglas, entonces el trabajador pierde la perspectiva entre causa y efecto; ya no le queda claro qué tiene que hacer para lograr qué premios, y esto lo debemos evitar.

5. Hacer las cosas demasiado rápido. En un ambiente de negocios tan cambiante, estamos bajo presión de entregar resultados lo más rápido posible. Pero si diseñamos mal nuestro plan, estaremos implementando las cosas erróneas lo más rápido posible. Hay que tomarse el tiempo de recibir retroalimentación por parte de empleados y supervisores, y de hablar con consultores externos que nos puedan orientar, antes de hacer la implementación final a gran escala.

6. Enfocarse demasiado en los puestos superiores. Muchas empresas diseñan planes de remuneración que solo dan bonos a puestos superiores, ignorando a los puestos operativos de más bajo nivel. Es lógico que queramos motivar más a nuestros empleados más productivos, pero este elitismo causará envidias y fricciones dentro de la empresa.

7. Enfocarse demasiado en bonos y no lo suficiente en el tabulador. Es fácil pasarse la mayor parte del tiempo debatiendo qué tipo de bonos dar para causar ciertos comportamientos, e ignorar la escala misma del tabulador. Recordemos que para cada puesto, existen tres parámetros: salario mínimo, salario máximo, y número de grados. Hay que discutir estos factores, y cómo pueden afectar el comportamiento de los trabajadores.

8. No convencer a los gerentes. La mayoría de los gerentes tienen una visión poco sofisticada sobre el tabulador; lo ven simplemente como un costo, y lo quieren limitar lo más posible. Es fundamental educarlos a través de reuniones y presentaciones, para que comprendan que el tabulador es una herramienta estratégica de la empresa, que le permitirá a ellos, los gerentes, lograr mejores resultados. Debemos hacer a todos los gerentes y directores verdaderos dueños del plan de remuneración antes de tratar de implementarlo.

9. No entender las limitaciones de los gerentes. Recordemos que nosotros, siendo parte del departamento de recursos humanos, trabajamos con el tabulador y con el plan de remuneración todos los días; lo entendemos perfectamente. Pero el gerente tiene su propio trabajo, y tiene un entendimiento vago sobre el tema. Además, si dejamos demasiada subjetividad en el proceso de calificación de los empleados para determinar quién se debe llevar los bonos, los gerentes tienden a ser bastante emocionales al respecto; no les gusta la idea de darle malas noticias a sus subalternos, y muchas veces tienden a repartir los bonos lo más parejo que puedan, independientemente del desempeño de los trabajadores. La regla clave es evitar diseñar un plan de remuneración que esté fuera de la capacidad de entendimiento del gerente promedio. Mantengamos suficiente simplicidad en el proceso.

10. No integrar el plan de remuneración con los demás procesos de recursos humanos. Si diseñamos el plan de remuneración correctamente, estará ligado desde el principio a las iniciativas estratégicas de la empresa, y por añadidura a la Matriz Puesto-Competencias, al proceso de reclutamiento y selección, al plan de Employer Branding, a procesos de integración tal como la cultura corporativa, etc.

Incrementos de Sueldo

Los incrementos de sueldo no deben ser dejados puramente al criterio de los gerentes y directores. De igual forma, los empleados no deberían de tener que estar pidiendo incremento de sueldos. El plan de compensaciones debe indicar bajo qué condiciones se incrementará el sueldo al empleado, y esto debe ser comunicado a todo el mundo, para que les quede claro qué acciones deben tomar si quieren ver sus sueldos incrementados.

Podemos utilizar los siguientes factores para determinar los incrementos de sueldo:

- Años de servicio. El sueldo se va incrementando cada año de servicio en la empresa. Tomemos en cuenta que entre más años tenga una persona en un puesto, más experiencia y productividad tendrá. Entonces tiene sentido incrementar el sueldo de esta forma, hasta un tope superior. También hay que tomar en cuenta el factor de inflación anual.

- Desempeño individual y desempeño del equipo de trabajo. El sueldo se incrementa cuando el empleado llega a cierto nivel de productividad, ya sea en forma individual, o en equipo. Hay que tener cuidado con esta opción; hay que preguntarnos qué pasa si después de subir el sueldo, la productividad del empleado baja a niveles inferiores a los que tenía antes del incremento.

- Desempeño de la organización. Los sueldos se incrementan conforme se logran metas a nivel de toda la empresa. Esta es una buena opción si hemos hecho bien nuestro trabajo de comunicarle a todos los empleados cómo impacta sus trabajos individuales en el resultado final de la empresa.

- En base a competencias: el sueldo se incrementa conforme el empleado incrementa sus competencias, de acuerdo al plan educativo de la empresa.

- En base al mercado. Incrementamos los sueldos para ciertos puestos si vemos que hay una alta demanda para este tipo de trabajador, y que la competencia está pagando más. Esto nos ayuda a atraer talento de calidad, y reducir nuestra rotación.

El reto de los incrementos de sueldo es balancear el incremento de costo con el incremento de productividad, como vimos anteriormente. Si permitimos que los sueldos suban mecánicamente en base a reglas de negocio preestablecidas, corremos el riesgo de que todos terminen en los grados superiores de sus respectivos puestos, sin que impacte la productividad. Este es el peor escenario posible. La única cosa que podemos hacer es analizar con inteligencia la liga entre el incremento de sueldo y los resultados. Antes de diseñar cada regla de incremento de sueldo, debemos de tener claro cómo mediremos y analizaremos el incremento de productividad que queremos lograr.

Pago de Bonos

Los bonos son pagos que se dan por lograr ciertas metas. La ventaja de los bonos es que no se convierten en parte del salario mensual, y es más fácil ligarlos a resultados específicos.

Estos son los tipos de bonos que podemos implementar[32]:

1. Bonos individuales. El bono es pagado al trabajador por el cumplimiento de cierta meta individual, tal como lograr cierto nivel de ventas.

2. Bonos corporativos. El bono se paga generalmente a todos los empleados o a un grupo significativo de ellos, cuando se cumplen metas a nivel compañía.

3. Bonos de equipo. El bono se paga cuando el equipo logra cierto resultado.

4. Bono por proyecto. El bono se establece por alguna situación en particular, tal como completar un proyecto a tiempo.

5. Bono por departamento. El bono se paga a todos los miembros del mismo departamento al cumplir la meta.

6. Bonos no monetarios, tal como productos, o viajes.

En resumen, podemos concluir que el tabulador de sueldos, en forma más general, el plan de remuneración, no es una simple herramienta contable para saber a quién pagarle qué cantidad. Por el contrario, la remuneración es la fuerza que liga las metas de las empresas con las acciones de los empleados que harán esas metas realidad; es el combustible motivador detrás de todo proceso. Si el plan de remuneración no está bien diseñado, tomando en cuenta las iniciativas estratégicas de la empresa, el bienestar económico de la empresa corre peligro.

---

[32] CIPD, "Bonuses and incentives", February 2014. Web. Septiembre 2014. http://www.cipd.co.uk/hr-resources/factsheets/bonuses-incentives.aspx

Diagrama 26: Importancia Estratégica del Plan de Remuneración

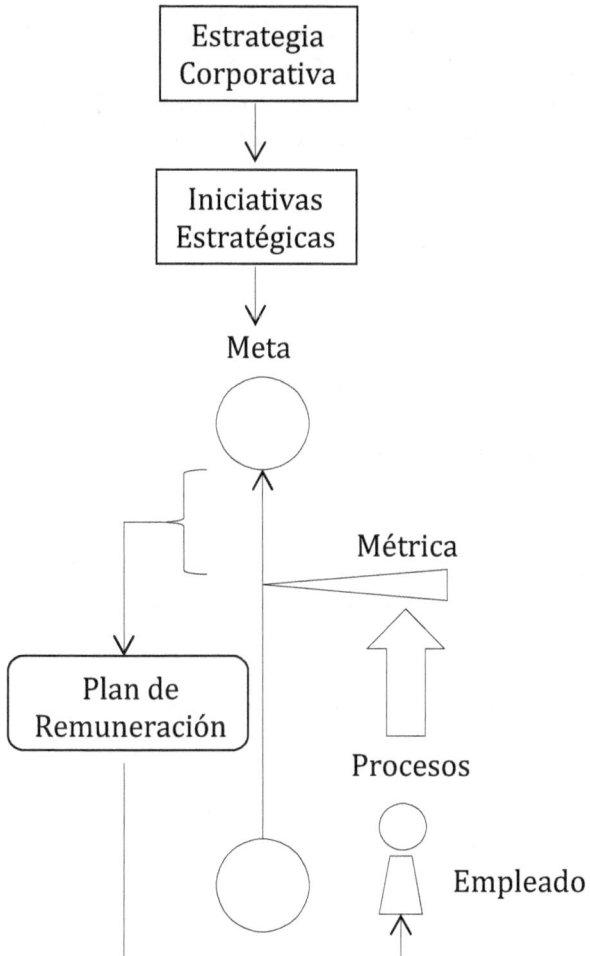

4) Desempeño

El plan de remuneración nos indica cuánto pagaremos por el comportamiento deseado. Yendo un paso más, tenemos el plan de desempeño, la cual contiene los procesos para medir los resultados vs. las metas, analizar el comportamiento obtenido, y cómo ajustarlo para lograr un resultado óptimo. El objetivo final del plan desempeño debe ser el incrementar la productividad del empleado.

Estas son las características que debe contener el plan de desempeño[33]:

1. Debe incluir todos los puestos, aún los más bajos.

2. Debe estar alineado con la estrategia y la cultura corporativa de la compañía.

3. Debe mostrar claramente el desempeño de cada empleado, en forma objetiva y por unidad de tiempo.

4. Debe incluir un proceso colaborativo para establecer las metas y para revisar el desempeño, basado en una comunicación de dos sentidos entre el empleado y su supervisor.

5. Debe monitorear tanto resultados (qué se logró), como comportamientos (cómo se logró).

6. Debe incluir retroalimentación positiva cuando se hace un buen trabajo, y retroalimentación constructiva cuando se requiera modificar comportamientos.

7. Debe estar ligado al plan educativo, para darle oportunidad al empleado el obtener conocimientos para mejorar su desempeño.

8. Debe comunicar claramente al empleado qué se debe lograr, para cuándo, y qué se recibe a cambio.

9. Debe incluir un proceso para mejorar el desempeño del empleado si no está en el nivel adecuado.

---

[33] HR Council, "Keeping the right people". Web. Septiembre 2014. http://hrcouncil.ca/hr-toolkit/keeping-people-performance-management.cfm

El plan de desempeño se maneja en ciclos, generalmente mensuales, trimestrales, y/o anuales. Consiste en tres pasos:

1. Planear:

   a. Identificar y estar de acuerdo con las metas del periodo

   b. Identificar cómo se medirán los resultados

   c. Asegurarnos que el empleado tenga las competencias y recursos necesarios para cumplir con las metas

   d. Establecer un proceso de monitoreo

   e. Documentar el plan

En este paso hay que revisar la descripción de puesto, para asegurarnos que las responsabilidades del empleado no hayan cambiado, y si cambiaron, ajustar la descripción, y tal vez el plan de remuneración. También hay que revisar de nuevo la conexión entre las metas establecidas, y la iniciativa estratégica a la que pertenecen, para asegurarnos que estén alineadas. Las metas tienen que ser específicas, medibles, logrables, realistas, y con un tiempo determinado de entrega.

2. Monitorear:

   a. Evaluar el progreso en forma periódica

   b. Tomar acciones correctivas si es necesario

El proceso de monitoreo no debe convertirse en una microadministración del empleado; lo que el supervisor debe hacer es proporcionarle el coaching necesario para que logre sus metas. Durante el proceso de coaching, el supervisor tendrá la oportunidad de ver el comportamiento del empleado, y sugerir cambios en su proceder si es necesario. Es importante que el supervisor asuma esta actitud de coach y no de capataz.

3. Evaluar:

   a. Evaluación mensual/trimestral/anual de desempeño

   b. Pago de bonos si aplican

   c. Comenzar nuevo ciclo

La evaluación del periodo nos permite comunicarle al empleado su desempeño, y darle retroalimentación positiva y constructiva. Dentro del proceso se debe incluir una auto-evaluación por parte del empleado, la cual nos permitirá entender cómo se ve a sí mismo, y tener la oportunidad de clarificar cualquier discrepancia entre el empleado y el trabajador. De nuevo, la actitud del supervisor debe ser la de un coach, y no la de un capataz. El objetivo de este proceso no es regañar al empleado, sino corregir el comportamiento utilizando la razón. El supervisor y el empleado deben trabajar para entender qué causó la brecha entre los resultados y las metas, y ponerlo por escrito. Las causas pueden ser la falta de recursos, problemas con el proceso, problemas con procesos que alimentan el proceso del empleado, falta de competencias, falta de entrenamiento, y en última instancia, mala actitud del empleado. Nunca asumamos que las metas no se lograron porque el empleado es tonto o flojo; hagamos un análisis primero. También es importante que el empleado tenga una forma de expresar su desacuerdo con la evaluación.

Podemos ver que el proceso no es complicado. Lo que es difícil es asegurarnos que el supervisor sea verdaderamente un coach para sus subalternos. Si el supervisor asume un papel autoritativo y utiliza la evaluación del desempeño como una oportunidad de regañar al empleado o nomás decirle "trabaja más duro", se pierde la oportunidad de modificar el comportamiento, y de hecho puede generar mala actitud en el empleado, logrando exactamente lo contrario, o sea, pérdida de productividad.

El objetivo final es moldear el comportamiento del empleado para que tenga el comportamiento deseado, o sea el comportamiento que lleva al cumplimiento de las metas, y por lo tanto de las iniciativas estratégicas y la estrategia global de la empresa. Esto lo logramos ayudando al empleado a enfocarse, asegurándonos que tengan las competencias correctas, comunicándole claramente las consecuencias positivas y negativas de sus acciones, y dándole retroalimentación continua[34].

[34] Compensation Technologies, "Performance Management", 2008. Web. Septiembre 2014. http://www.compensation.co.za/performance-management.asp

Diagrama 27: Modelo de Comportamiento del Empleado en el Proceso de Desempeño

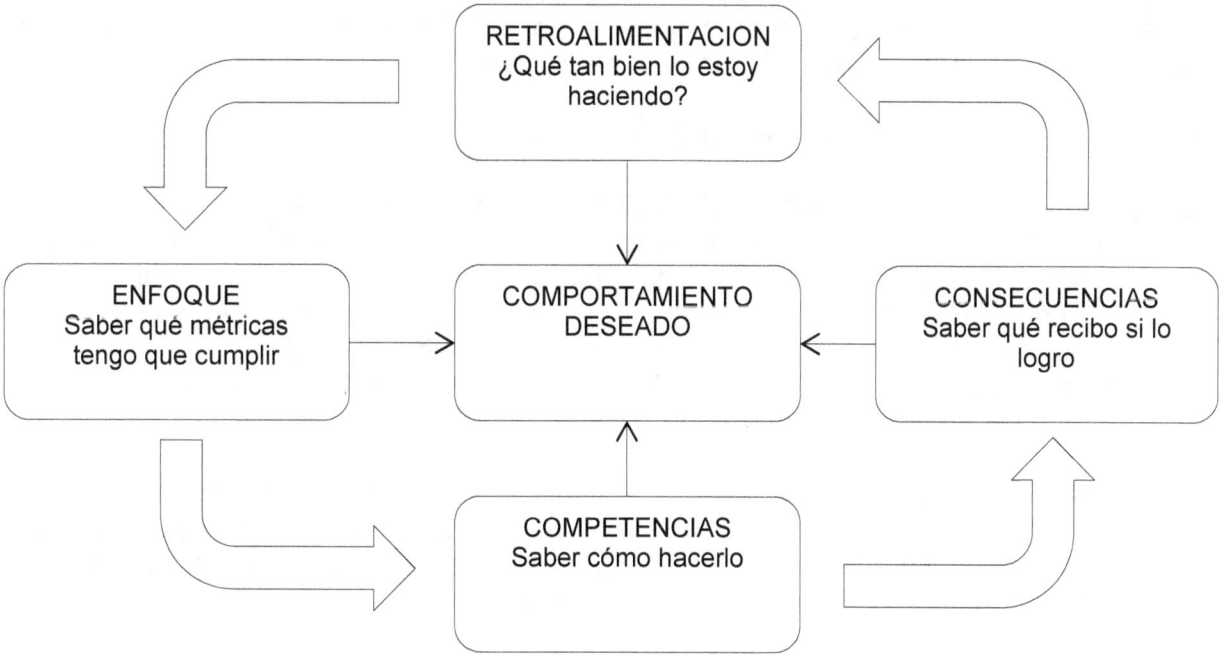

5) Desarrollo

El objetivo del plan de desarrollo es mejorar el conocimiento y las competencias de los empleados, y motivarlos a través de un plan de carrera.

El plan de desarrollo debe tener las siguientes secciones:

1. Análisis de brecha. Este análisis consiste en tomar nuestra Matriz Puesto-Competencia, y revisar qué competencias realmente tiene cada empleado en el puesto. En teoría no debemos contratar a empleados que no tengan todas las competencias listadas para el puesto, pero ocurre que a veces se hacen excepciones para candidatos especiales, o un empleado es movido a un nuevo puesto sin que tenga 100% de las competencias listadas. El análisis de brecha debe ser hecho con la participación de recursos humanos, el empleado, su supervisor, y expertos en competencias particulares.

2. Plan educativo. En base a los resultados del análisis de brecha, se crea el calendario de capacitación, para ir entrenando en grupo a los empleados en las competencias que les falte. En base a esto, se puede determinar qué cursos se darán por empleados expertos, y cuáles serán impartidos por consultores, o en escuelas.

3. Plan de sucesión. Para cada persona en cada puesto, se elabora una lista de gente que podría sustituirlo, en caso de que ese empleado fuera movido a otro puesto, o saliera de la empresa. Entonces, se hace un análisis de brecha para determinar qué competencias les falta, y se van entrenando por adelantado como posibles sustitutos. No se requiere incluir todos los puestos en el plan de sucesión, solo aquellos que toman cierto tiempo y esfuerzo en reclutar. Por lógica, el tener un plan de sucesión implica tener la cultura corporativa de buscar promover a empleados lo más posible en lugar de buscar candidatos externos.

4. Plan de coaching. Se determina qué empleados pueden actuar como coaches para cada competencia. Estos empleados tienen mucha experiencia en esa competencia, y pueden asumir la función de coach para apoyar a los demás empleados cuando tengan preguntas y dificultades con cierta competencia.

La relación entre el plan de desarrollo y la estrategia es clara: uno de los requisitos para lograr las iniciativas estratégicas es tener a personal con las capacidades requeridas para implementar los procesos que nos llevan a cumplir las metas.

Diagrama 28: Relación entre Plan de Desarrollo y Estrategia

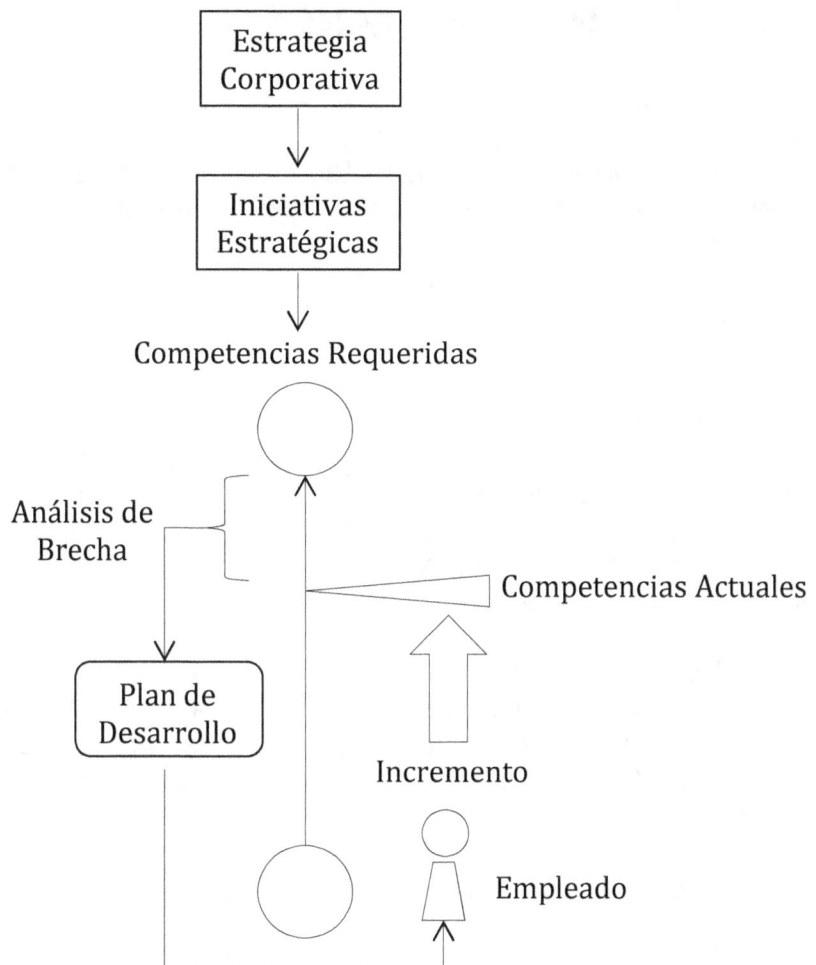

CAPITULO 4

El MODELO DE MADUREZ DE RECURSOS HUMANOS

Para poner en práctica en nuestras empresas la teoría que hemos cubierto hasta aquí, utilizaremos un modelo de madurez. Un modelo de madurez es una guía de mejores prácticas, que nos permite analizar qué grado de avance de implementación tenemos en una serie de controles administrativos, lo cual nos permite determinar nuestro porcentaje de madurez. Si no tenemos ningún control implementado, nuestro avance sería del 0%, y si tenemos todos los controles implementados, sería del 100%. Esto nos permite planear las acciones que debemos tomar para la implementación de cada control, en nuestro esfuerzo por llegar al nivel de 100% de madurez.

Los controles de nuestro Modelo de Madurez de Recursos Humanos (de ahora en adelante lo llamaremos MMRH), son tomados en parte del modelo de madurez del Software Engineering Institute, llamado el People Capability Maturity Model (P-CMM)[35]. Ese modelo de madurez es extremadamente completo y extenso (735 páginas), pero en nuestra opinión, demasiado complejo para implementarlo en forma práctica. Por eso, hemos tomado solo algunos de sus controles, y hemos adaptado los demás de la teoría cubierta en este texto.

El MMRH está dividido en 6 secciones: Diseño Organizacional, Reclutamiento y Selección, Integración, Remuneración, Desempeño, y Desarrollo. Cada sección tiene varios controles, para un total de 88. Un control es un plan o una acción que se recomienda tomar para avanzar la práctica de recursos humanos en la empresa. Para cada control, se debe indicar qué nivel de avance se tiene. Los avances posibles son los siguientes:

- No implementado: ningún aspecto del control está implementado en la empresa.

- Informal: quiere decir que aspectos del control son a veces implementados, a veces no, y no hay un proceso formal y documentado detrás.

- Formal: indica que el control está implementado en la empresa como un requisito, y que está debidamente documentado.

Para medir el porcentaje de madurez, cada nivel de avance tiene un valor numérico. El nivel no implementado tiene un valor de 0, el nivel informal tiene un valor de 1, y el nivel formal tiene un valor de 2. Si los 88 controles estuvieran implementados en el nivel formal, tendríamos un total de puntaje de 88 x 2 = 176. Por lo tanto, para calcular nuestro porcentaje de madurez, debemos sumar todos los puntos de los controles y dividirlo entre 176. El MMRH es un modelo abierto, lo que quiere decir que uno puede quitar controles que no apliquen a nuestra empresa, o agregar los controles que creamos necesarios. Solo hay que recordar ajustar el puntaje máximo para calcular el porcentaje de avance correctamente.

---

[35] Curtis, Bill; Hefley, William E.; Miller, Sally A.; "People Capability Maturity Model (P-CMM), Carnegie Mellon Software Engineering Institute, 2008.

El MMRH debe también ser tomado como una herramienta de administración de proyectos. Una vez que determinamos nuestro porcentaje actual, debemos planear qué porcentajes queremos lograr para qué fechas, y determinar quién es el responsable de liderar la implementación del control, cuándo es la fecha de entrega, qué recursos requiere, y qué tareas se tienen que completar. Todo esto se puede llevar en una hoja de Excel, o en alguna herramienta en línea para facilitar la comunicación entre todos los participantes del proyecto.

Controles del MMRH

1. Diseño Organizacional

    1.1. Plan de cultura corporativa

    1.2. Organigrama

    1.3. Proyecciones de demanda personal-competencias

    1.4. Matriz Puesto-Competencias

    1.5. Revisión trimestral de la matriz Puesto-Competencias

    1.6. Base de datos Personal-Competencias

    1.7. Contratos de trabajo por puesto

    1.8. Diseño de puestos usando la Teoría de Características del Trabajo

    1.9. Plan de Reducción de Personal

    1.10.   Manual del Empleado

2. Reclutamiento y Selección

    2.1. Plan de Employer Branding

    2.2. Objetivos y métricas de adquisición de personal

    2.3. Proceso de requisición de personal

    2.4. Se hace una búsqueda interna primero

    2.5. Programa de recomendaciones por empleados

    2.6. Filtrado de currículums por votación

    2.7. Flujo de trabajo de entrevistas

    2.8. Cuestionarios estándares para entrevistas estructuradas

    2.9. Exámenes psicométricos

    2.10.   Exámenes de conocimiento

    2.11.   Revisión de referencias

2.12.   Revisión de perfiles en redes sociales

2.13.   Estándares para headhunters

2.14.   Métricas para headhunters

2.15.   Métricas de reclutamiento

2.16.   Tiempos del proceso

2.17.   Efectividad de diferentes medios

2.18.   Base de datos de currículums

2.19.   Carta estándar de oferta por puesto

2.20.   Email de notificación a los no seleccionados

2.21.   Descripciones de puesto

2.22.   Proceso de despido

2.23.   Cuestionario de despido para supervisor

2.24.   Proceso de notificación a finanzas para finiquito

2.25.   Proceso de notificación al área legal

2.26.   Entrevista de salida

2.27.   Registro de causas de salida

3. Integración

   3.1. Comunicación de la visión y misión de la empresa

   3.2. Plan de comunicación cultural

   3.3. Cuestionario trimestral de misión y visión

   3.4. Forma para retroalimentación anónima

   3.5. Juntas departamentales semanales

   3.6. Juntas mensuales empleado-supervisor

   3.7. Juntas trimestrales de toda la empresa/operación

   3.8. Comunicación de las políticas de RH

3.9. Boletín mensual

3.10. Encuesta trimestral de satisfacción laboral

3.11. Reuniones mensuales interdepartamentales

3.12. Reuniones mensuales sociales

3.13. Análisis y mejora del ambiente de trabajo

3.14. Plan de retención

3.15. Análisis de las causas de rotación

3.16. Comunidad en línea para empleados

3.17. Comunidad en línea para ex-empleados

4. Remuneración

4.1. Estrategia de Remuneración

4.2. Comunicación de la estrategia de remuneración a los empleados

4.3. Tabulador de sueldos

4.4. Los ajustes al tabulador se hacen de acuerdo a criterios preestablecidos

4.5. Revisión trimestral de la estrategia de remuneración

4.6. Benchmarking de sueldos y prestaciones

4.7. Base de datos histórica del tabulador para análisis

5. Desempeño

5.1. Autoevaluación

5.2. Formalización de objetivos y métricas por persona y departamento

5.3. Proceso de registro y seguimiento de métricas vs resultados

5.4. Reunión trimestral con departamentos para revisar diseño de métricas

5.5. Evaluación mensual de desempeño

5.6. Entrenamiento formal en ingeniería de procesos a todos los empleados

5.7. Proceso de mejora continua de procesos

5.8. Recompensar la innovación en procesos

5.9. Proceso formal para administrar el bajo desempeño

5.10.   Evento mensual para premiar alto desempeño e innovación

5.11.   Base de datos histórica de desempeño para análisis

5.12.   Dashboards de desempeño por persona y departamento

5.13.   Procedimiento formal para resolución de conflictos

5.14.   Plan de Mejora de Desempeño

6. Desarrollo

6.1. Análisis de brecha

6.2. Plan educativo

6.3. Plan de carrera

6.4. Plan de sucesión

6.5. Curso de comunicación efectiva

6.6. Curso de trabajo en equipo

6.7. Curso de liderazgo

6.8. Forma de retroalimentación sobre cursos

6.9. Catálogo de competencias por empleado

6.10.   Programa de coaching

6.11.   Comunidades en línea por competencia

6.12.   Reuniones sociales por tipo de competencia

6.13.   Ceremonia de entrega de diplomas

Como podemos ver, la mayoría de los controles fueron cubiertos en este texto, o se explican solos.

Para poder manejar el MMRH como una herramienta de administración de proyecto, cada control debe contener la siguiente información:

- Nivel de implementación.

- Responsable: quién tomará el liderazgo para implementar el control.

- Fecha de entrega del control en nivel formal.

- Status actual: sin comenzar, en proceso, detenido, terminado.

- Recursos: listar los recursos humanos, financieros, de equipo, de espacio, etc. que necesitamos para llevar al control a su nivel formal.

- Tareas: llevar un seguimiento a cada tarea requerida.

- Bitácora o área de comentarios: una sección donde los miembros del equipo puedan agregar comentarios desestructurados.

Una vez que establecemos cuál es nuestro porcentaje de madurez actual, y quién será responsable de cumplir cada control y qué recursos requiere, podemos hacer un plan de avance. En este plan, indicamos qué porcentaje de madurez queremos tener para qué fecha (por ejemplo, llegar al 50% para la fecha 1, 75% para la fecha 2, y 100% para la fecha 3), y qué presupuesto requerimos para lograrlo. Entonces podemos tomar este plan integrado, y llevarlo a la dirección general para que nos aprueben el presupuesto.

CONCLUSIONES

Durante el Siglo XX, la función del área de finanzas surgió del área de contabilidad, para convertirse en una función estratégica de la empresa. En estos tiempos, no hay empresa seria que no cuente con un director de finanzas, el cual es uno de los puestos clave de la empresa. El director de finanzas es la mano derecha del director general, y gran parte de la planeación estratégica gira alrededor de esta función, como debería ser.

El mismo proceso de evolución ha comenzado en el área de recursos humanos[36]. Actualmente, todavía muchas empresas, tanto chicas como grandes, aún ve la función de recursos humanos en términos contables, dándole la función de reclutamiento y pago de nóminas solamente. Estas funciones son importantes sin duda, pero son solo la parte operativa fundamental; como hemos visto, la función de recursos humanos, si la administramos correctamente, puede tener un gran impacto en la estrategia de la empresa, y es nuestra obligación como gerentes y directores de recursos humanos lograr este máximo potencial de nuestra área, tanto por el bien de la empresa, como nuestro bien como profesionistas. Para lograr esto, debemos continuar capacitándonos en el área de recursos humanos; si no lo hacemos, corremos el riesgo de estancarnos en ideas obsoletas, y perder nuestra capacidad de innovación.

Un área fundamental de innovación en recursos humanos se encuentra en la tecnología de información. En la última década, han surgido varias opciones de software para administración de los recursos humanos, más allá de la administración contable de las nóminas. A esta categoría de software se le conoce como Talent Management Systems, o TMS. Un TMS nos permite administrar todos los pasos del ciclo de recursos humanos que vimos aquí. Invitamos al lector que investigue en Internet a los diferentes proveedores, tanto de software instalado como en la nube, para explorar la posibilidad de adquirir uno. Revolucionará la forma como se administran los recursos humanos en su empresa.

El otro factor importante es el uso de consultores. Tal vez nos podríamos sentir algo renuentes a usar un consultor externo; después de todo, nadie conoce mejor a la empresa que nosotros mismos. Pero la función del consultor no solo es traer conocimiento especializado, sino una visión fresca a posibles problemas de la empresa. El consultor nos hará la pregunta, "¿por qué hacen este proceso de esta forma?", y nos hará pensar y salirnos de la ceguera de taller en el que todo el mundo cae eventualmente. Hay consultores para cada uno de los pasos del ciclo de recursos humanos que cubrimos aquí. Si el lector siente que hay problemas en la implementación adecuada en uno de ellos, sugerimos explorar la posibilidad de usar un consultor.

*   *   *   *   *

---

[36] Fitz-ens, Jack; "ROI of Human Capital: Measuring the Economic Value of Employee Performance", United States, AMACOM, 2000.

BIBLIOGRAFIA

- Porter, Michael E., "Competitive Strategy", New York, Free Press, 1990

- Drucker, Peter F., "The Practice of Management", United States, HarperCollins,1954

- Deming, W. Edwards, "Out of the Crisis", Cambridge MA, MIT Press, 1986

- Maslow, Abraham, "Motivation and Personality", United States, Longman, 1987

- Oldham, Greg R., Hackman, Richard; "Work Redesign", United States, FT Press, 1980

- Armstrong, Michael, "A Handbook of Human Resource Management Practice", United States, Kogan Page Business Books, 2003

- Galbraith, Jay R., "Designing Your Organization: Using the STAR Model to Solve 5 Critical Design Challenges", United States, Jossey-Bass, 2009.

- Deal T. E. and Kennedy, A. A.)" Corporate Cultures: The Rites and Rituals of Corporate Life, Harmondsworth", Penguin Books, 1982; reissue Perseus Books, 2000

- Curtis, Bill; Hefley, William E.; Miller, Sally A.; "People Capability Maturity Model (P-CMM), Carnegie Mellon Software Engineering Institute, 2008

- Fitz-ens, Jack; "ROI of Human Capital: Measuring the Economic Value of Employee Performance", United States, AMACOM, 2000

www.ingramcontent.com/pod-product-compliance
Lightning Source LLC
Chambersburg PA
CBHW080300180526
45167CB00006B/2601